品牌建设与管理经典译丛
The Classic Translated Series of Brand Building and Management

品牌健身房（第三版）

数字时代的品牌塑造战略

［美］大卫·泰勒 / 著
（David Taylor）

刘雅婷 / 译

THE BRANDGYM:

A PRACTICAL WORKOUT TO GROW YOUR BRAND IN A DIGITAL AGE

（THIRD EDITION）

经济管理出版社
ECONOMY & MANAGEMENT PUBLISHING HOUSE

北京市版权局著作权合同登记：图字 01-2023-3703

THE BRANDGYM: A PRACTICAL WORKOUT TO GROW YOUR BRAND IN A DIGITAL AGE(THIRD EDITION)

Text Copyright © 2017 David Taylor

Published by RedDoor Press. All rights reserved.

原书 ISBN 978-1-910453-36-0

Chinese Translation(Simplified Characters)Copyright © 2023 by Economy & Management Publishing House

图书在版编目(CIP)数据

品牌健身房：数字时代的品牌塑造战略：第三版／（美）大卫·泰勒著；刘雅婷译.--北京：经济管理出版社，2023.6

（品牌建设与管理经典译丛）

ISBN 978-7-5096-9533-3

Ⅰ.①品…　Ⅱ.①大…　②刘…　Ⅲ.①品牌—企业管理　Ⅳ.①F273.2

中国国家版本馆 CIP 数据核字（2023）第 241239 号

责任编辑：张广花
责任印制：黄章平
责任校对：陈　颖

出版发行：经济管理出版社
　　　　　（北京市海淀区北蜂窝 8 号中雅大厦 A 座 11 层　100038）
网　　址：www. E-mp. com. cn
电　　话：(010)51915602
印　　刷：北京晨旭印刷厂
经　　销：新华书店
开　　本：710mm×1000mm /16
印　　张：18.5
字　　数：269 千字
版　　次：2023 年 6 月第 1 版　2023 年 6 月第 1 次印刷
书　　号：ISBN 978-7-5096-9533-3
定　　价：58.00 元

原版图书由 John Wiley 出版

大卫·泰勒(David Taylor)

《品牌延伸:为什么每开展 2 次品牌延伸就会有 1 次失败?如何化不可能为可能?》(*Brand Stretch:Why 1 in 2 Extensions Fail and How to Beat the Odds*)

《品牌愿景:如何激励你的团队推动品牌业务发展?》(*Brand Vision:How to Energize Your Team to Drive Brand and Business Growth*)

《别管什么"卖点",建立基于实质而非空谈的品牌》(*Never Mind the Sizzle… Where's the Sausage?:Building Brands Based on Substance,Not Spin*)

《核心业务开发:如何专注于让品牌获得成功的核心业务?》(*Grow the Core:How to Focus on Your Core Business for Brand Success*)

大卫·尼科尔斯(David Nichols)

《理念的回报:让创新获得回报的实用指南》(*Return on Ideas:A Practical Guide to Making Innovation Pay*)

谨以此书纪念西尔维纳(Silvina)

她是如此耀眼，却过早地离开了我们

前　言

你的专属品牌教练

将一个大的品牌理念作为你所做的一切事情的核心，对于企业而言是有好处的：一项针对 5 万个品牌的研究显示，它可以将增长率提高到 300%。[1]但是，创造这种"品牌导向型增长"的最佳方式是什么？你如何能打造出一个引人注目的、有洞察力的品牌定位，从而激励和指导品牌运作时的所有活动——从产品服务到内部参与、宣传和创新？这就是《品牌健身房：数字时代的品牌塑造战略》（以下简称《品牌健身房》）的用武之地。

本书就像你的专属品牌教练一样，包含了一系列实用的训练，并在每个训练后附有反省清单，以帮助你跟踪学习进度。你也可以从笔记本电脑或移动设备上访问一套补充的在线资源，网址为 www.thebrandgym.com/blog。在这里，你将找到超过 1250 个可搜索的案例，包括详细的数据、图像和视频。你可以在博客上查看这些重要品牌的成长故事。

提笔重塑《品牌健身房》

本书的第三版是一次重大的升级，它借鉴了我们的部分研究项目和200多个真实项目的实践成果。70%的工具、框架和实例是全新的或已更新的。特别是《品牌健身房》已经为数字时代"重新启动"，以反映自2010年版以来市场营销和品牌领域的变化。社交媒体用户持续增长，脸书（Facebook）的收入增长了23倍，达到了179亿美元。[2]推出了Instagram、色拉布（Snapchat）、沃茨阿普（WhatsApp）、优步（Uber）和爱彼迎（Airbnb）等，数字颠覆者已经诞生。

关于数字营销和宣传的书籍数不胜数。我们需要关注一个更基本的问题：在一个被数字技术改变的时代，创造品牌导向型增长的整个过程应该如何发展？在一个"大数据"的时代，消费者的洞察力有什么作用？鉴于品牌需要快速、灵活地适应市场需求，品牌定位在今天有多大的意义？随着数字媒体的崛起，电视广告是否将会走向灭亡？

为了解答这些问题，我们对多个市场营销总监进行了研究，涵盖了消费者和B2B（Business-to-Business）领域的大小型公司。针对超过100位市场营销总监完成了量化调查，并对其中25人进行了后续访谈，以便更详细地探讨关键问题。我们还借鉴了从200多个项目中学习到的经验，以及《品牌健身房》的合作伙伴（包括可口可乐公司、联合利华公司和维珍集团等领先企业）在之前作为客户时的一线经验。

首要的也是最基本的发现是，尽管近年来市场营销发生了巨大变化，但是品牌战略仍然是成功的关键。超过90%的受访的市场营销总监认为，"在数字时代，明确的品牌定位是进行有效营销的关键"。的确，一个清晰且有说服力的品牌理念在今天比以往任何时候都更重要。因为它可以指挥越来越多的"品牌音乐家"通过多种渠道传递品牌。然而，有一点需要注意，即大多数市场营销总监认为，"随着对数字营销和社会营销的关注，品牌战略被忽略了"（见图1）。马克·瑞特森（Mark Ritson）教授最近强调了这个问题，他评论道："营销似乎正在演变成一种缺乏战略思维的战术追求。"[3]

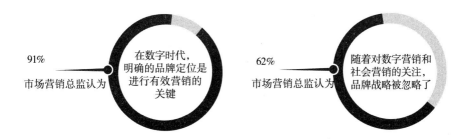

91%
市场营销总监认为
在数字时代，明确的品牌定位是进行有效营销的关键

62%
市场营销总监认为
随着对数字营销和社会营销的关注，品牌战略被忽略了

图1　在数字时代，品牌战略仍然是成功的关键

资料来源：《〈品牌健身房〉研究》，2016年。

似乎一场"品牌哲学之战"爆发了。一方面，有些人仍然相信品牌战略、传统研究和电视等传统"付费"媒体存在的重要性；另一方面，一些人则被定位为支持数据、响应策略和自有媒体/赢得媒体的数字时代营销人员（见图2）。

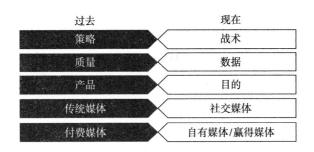

过去	现在
策略	战术
质量	数据
产品	目的
传统媒体	社交媒体
付费媒体	自有媒体/赢得媒体

图2　品牌信念之战

我们建议未来的方向是"重启"品牌战略，将更成熟、更传统的技术与反映数字时代的新方法结合起来（见图3）。要做到这一点，我们需要"扩

大视野"，看看如何能够在将洞察力转化为策略和行动的整个过程中利用数字，而不是仅仅关注数字宣传。现在面临的挑战不是数字营销，而是"数字世界中的营销"。

图3 融合新旧事物的精华，重新启动

品牌健身训练

本书中的11项训练阐述了品牌战略之旅的不同方面（见表1）。每项训练都以基本的、持久的成功因素为基础（一致性），以我们的研究和项目经验为基础，同时还重新思考了许多可能出现的问题，以应对当今的挑战（新鲜感）。当然，衡量新鲜感和一致性的标准也是不同的。在洞察力、定位和宣传方面的变化更为显著。在某些情况下，品牌组合策略和品牌延伸的变化是较少的。

表1 数字时代重启品牌策略

训练	数字时代的挑战	重启品牌健身房
训练一：以盈利为先	追随潮流和时尚的诱惑：企业使用社交媒体的主要动力	确保所有的营销都是有关商业问题的，包括数字、社交媒体等方面
训练二：专注品牌组合	复杂的品牌组合：延缓决策与执行速度在数字时代可能是致命的	专注于更精、更大的品牌，以减少复杂性并加快决策与执行速度

训练	数字时代的挑战	重启品牌健身房
训练三：寻找真正的洞察力	过多的数据意味着团队可能忽略了在人性的层面上进行联系，以真正了解消费者的需要	对人性和文化的深入洞察，融合新的数字技术和既有的面对面方法的优点
训练四：有目标的定位	互联网的消费者希望更多地了解品牌在社会生活中所扮演的角色	对品牌在文化和生活中的作用有更清晰的认识
训练五：重整旗鼓	在视觉化的"短内容"时代，过于复杂的定位工具是一个令人反感的问题	以更简单、更直观的输出来激发整个团队的热情
训练六：革新核心业务	忽视核心业务的倾向使其容易受到攻击，包括"数字颠覆者"的威胁	重新集中资源，不断革新核心业务，应对消费者需求和市场条件的变化
训练七：将品牌融入产品中	更加精明的消费者对产品和服务有更多的要求，无论感受是正面的还是负面的，他们都乐于分享	在产品或服务中"植入品牌"，使其变得与众不同，并鼓励正面的口碑传播
训练八：涡轮式营销	越来越复杂的媒体渠道往往在独立的"孤岛"中工作，并倾向于过度强调社交媒体	利用社交媒体和数字媒体为品牌营销计划提供动力，以盈利为先而不是跟随潮流和时尚的脚步
训练九：扩展分销渠道	开发新的在线渠道既是一次机会，也是一种威胁	开发通往消费者的新途径，包括使用在线和移动渠道
训练十、十一：扩展核心业务/延伸品牌脉络	将品牌过度延伸到新的市场，在那里品牌缺乏真正的附加值，公司也缺乏"赢的能力"	将品牌延伸的精力集中在更少、更大、更好的创意上，包括使用数字技术

本书的结构框架如图 4 所示。

第一篇"品牌导向型增长"，展示了如何将打造品牌的精力集中在推动盈利的增长上。第一个训练敦促你以盈利为先，而不是跟随时尚和潮流的脚步，以确保所有的品牌活动都和业务专业人士紧密相关，包括使用社交媒体。第二个训练是让我们了解如何"专注品牌组合"，将时间、人才和金钱集中在更精的品牌上，以便提高效率，这对品牌在数字时代取得成功至关重要。

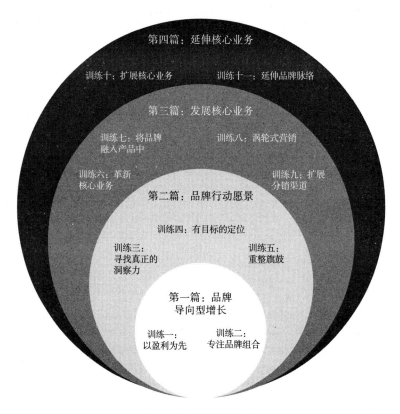

第四篇：延伸核心业务

训练十：扩展核心业务　　　训练十一：延伸品牌脉络

第三篇：发展核心业务

训练七：将品牌
融入产品中　　　　训练八：涡轮式营销

训练六：革新
核心业务　　　　　　训练九：扩展
　　　　　　　　　　分销渠道

第二篇：品牌行动愿景

训练四：有目标的定位

训练三：
寻找真正的　　　　　训练五：
洞察力　　　　　　　重整旗鼓

第一篇：品牌
导向型增长

训练一：　　　训练二：
以盈利为先　　专注品牌组合

图4　本书的结构框架

　　第二篇"品牌行动愿景"，阐述了在一个有着铺天盖地的数据和错综复杂事务的时代不与消费者失去联系的必要性。"寻找真正的洞察力"探索了如何深入了解人性和文化、融合数字和人性洞察力的精华，而不仅仅定位于产品和服务。"有目标的定位"展示了如何创建一个鼓舞人心的定位从而把握品牌在生活和社会中的角色，这对于如今的互联网消费者来说越来越重要。"重整旗鼓"探讨了如何在一个视觉化和极简交流的时代，让定位变得不那么复杂，而且更有启发性。

　　第三篇"发展核心业务"，通过使用品牌愿景来激励和指导你开发核心业务。我们解释了通过"革新核心业务"以提高投资回报率（Return on Investment，ROI)和人才回报率(Return on Talent，ROT)的理由。另外，回顾了如何评估在数字化时代保持品牌健康所需。我们探索如何应对精明的消费者对产品和服务的要求，他们只需点击一下鼠标，就能对你的品牌或产品进行赞美或贬低。"将品牌融入产品中"表明了如何使你的产品或服务尽可能地与众不同，包括使用数字技术来升级甚至重塑它。"涡轮式营销"研究如何通过在不同的渠道加大营销力度，包括数字媒体、社交媒体和传统媒体(如电视等)。在第三篇，本书用一个章节介绍如何"扩展分销渠道"，包括利用令人振奋的新的数字途径来吸引消费者。

　　第四篇"延伸核心任务"，展示了在拥有强大而健康的核心业务下如何延伸品牌的核心业务。第一阶段是利用产品和包装"扩展核心业务"，第二阶段是"延伸品牌脉络"，包括以创新的方式利用数字技术实现品牌承诺。

　　与《品牌健身房》系列的前七本书一样，本书是提升品牌业绩的实用指南。本书的重点内容涵盖全球品牌网络的高级教练在实际项目中测试过的技巧、工具和窍门。每一个关键点都由至少一个品牌实例来说明，使其更贴近现实。我们试图用各种品牌的例子来让你感同身受，无论你的企业规模是大还是小，是销售产品还是提供服务，是消费者还是 B2B。希望你阅读这些例子后能写下一些笔记，用荧光笔标注或用便利贴标记后存放于你的办公桌上或公文包里，而不是被冷落在你的书架上或床头柜旁。希望本书能对你有所作用。

　　欢迎分享、反馈或讨论如何将这些训练应用到你的品牌中，请通过邮件与我们联系，可以从一个简单的电子邮件到一对一的"个人品牌指导"，再到一个更完整的工作计划。联系方式：david@ thebrandgym. com。

目 录

| 第二篇 |

品牌行动愿景

|第四篇|
延伸核心业务

01

第一篇

品牌导向型增长

第一章
训练一：以盈利为先

目前，很多关于品牌建设的工作脱离了商业面临的残酷现实，数字营销和社交媒体的兴起使这个问题变得更严峻。许多公司在追随潮流和时尚的脚步，而不是首先考虑经济效益。营销和代理团队应当更有商业头脑，从而确保品牌策略始终有明确的增长目标，并推动具体的行动。这就需要更加关注那些有可能提高"品牌投资回报"的举措。

从一开始，本书就致力于摆脱对品牌推广的赘述和套话，提出了一些更实用、更关注底线的方法。但是，目前一些错误观点仍然存在，如认为品牌建设只是关注标志和宣传。当然也出现了一些其他方面的挑战，如对数字媒体和社交媒体的炒作等，这些炒作使营销团队在本应该关注经济效益时，却把更多精力投入到追随时尚和潮流上。

在第一篇介绍性的章节中，我们将探讨其中的一些挑战，并推荐实用的解决方案，以确保品牌策略能够带来商业利益。在随后的章节中，将对这些主题进行更详细的探讨。

挑战一：超越"包装品牌形象"

包装品牌形象

目前，许多公司仍然指望用一个新名字、花哨的标志和华丽的广告宣传来吸引顾客。品牌推广的重点是塑造一个"包装形象"，通常是为了掩盖产品的弱点。2019 年，雅虎（Yahoo）对其标志的调整就是其中一个例子。对于一家处于危机中的企业来说，微调品牌标志是在浪费时间，在其做出改变之前的五年里，雅虎的收入下降了 36%[1]；我们把这种做法称为"重新粉刷泰坦尼克号上的甲板"。

雅虎首席执行官玛丽莎·梅耶尔（Marissa Mayer）对这一变化过于理智的解释让人们认为品牌建设是空谈。"我们想要一个能反映雅虎的标志——异想天开，但又精致、有人情味。我们希望标志能保持一致性，将其整合成一个连贯的标志。"

品牌导向型增长

只有当品牌参与到为消费者和股东提供覆盖整条价值链的业务中时，品牌推动增长的潜力才能得到充分实现。这就是我们所说的"品牌导向型增长"。品牌不再是一个昙花一现的形象包装，而是一幅精心编织的创造价值的蓝图（见图1.1）。品牌承诺需要被仔细定义。真正的挑战是如何在一套有形的品牌真理的基础上，持续不断地兑现这一承诺。正如2016年IPA实效奖评委召集人、BBDO广告公司的布里奇特·安杰尔（Bridget Angear）所言，这在当今的数字时代显得尤为重要。[2]布里奇特·安杰尔说："精明的消费者掌握着触手可及的信息，这意味着品牌方（对消费者）的承诺和消费者的现实需求之间的差距必须缩小。品牌方为实现不切实际的愿望而进行宣传的干劲正在减退，消费者更愿意品牌方重新设计其产品和服务。"

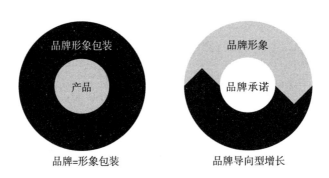

图1.1　打造品牌的方法

例如，爱彼迎的品牌理念——"不是去过，而是生活过"，不仅仅是用于宣传，本书后文会进行讨论。这一理念可以升级"东道主"[3]提供的核心接待服务，例如在24小时内回应预订查询，确保客人的旅行想法与"东道主风格"相匹配，能经常与客人沟通并为其提供详细的路线。

挑战二：以盈利为先，而不是
追随潮流和时尚的脚步

紧跟潮流

如今，许多营销和代理团队似乎忙于追随最新的媒体趋势，而忽略了营销的最终目标，即销售更多物品（Sell More Stuff，SMS）。在我们对市场营销总监的调查中，使用社交媒体的主要驱动力是"跟上最新的潮流"（见图1.2）。只有不到1/4的公司使用社交媒体是建立在获取切实的商业利益的基础上，这一比例自我们进行的最后一波研究以来几乎没有变化。

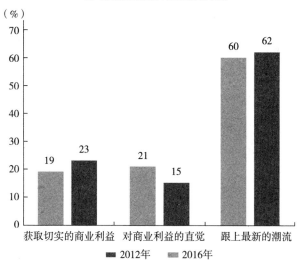

公司使用社交媒体的主要驱动力

图1.2　追逐潮流，不以盈利为先

资料来源：《品牌健身房》对市场营销总监的调查研究。

以盈利为先

我们建议采用一种更实用的、以业务为中心的方法，将你的所有营销都牢牢地集中在解决业务问题上。这就提醒大家，战略仅仅是增长路上的第一步，而不是终点。表1.1中的例子来自一个真实的项目，即南非领先的啤酒品牌——卡林啤酒（Carling Black Label）。这有助于明确重新定位的战略，不仅需要调整新的广告和包装，还需要与移动激活机构合作。这意味着从一开始就要让广告和数字营销机构参与进来。交易中的执行也很关键，因此，对其定位的探索方式包括品牌战略方向——如何在小酒吧的海报上运作，而不仅仅通过电视广告宣传。还要明确的是，成功的品牌战略意味着可以进行计划跟踪，以了解重启战略是否有效。

特别是在社交媒体上，以盈利为先意味着不仅要计算"点赞量""分享次数"或"浏览次数"，还要计算与增长相关的指标。例如，马士基航运公司（Maersk Line）的社交媒体战略已经"从宣传向商业化转型"，其社交媒体经理戴维娜·拉帕波特（Davina Rapaport）在营销周现场直播中提到，该公司的重点是"开发潜在客户，而不仅仅是获得点赞量"。

例如，一项可持续发展的社会媒体活动让99位潜在客户参加了网络研讨会，创造了两条商业链，每条商业链都可能价值数百万美元。马士基航运公司还利用定量研究来确定其"数字生态系统"中每个部分的关键作用。领英（LinkedIn）更适合于让人们分享其对航运业的看法；推特（Twitter）更适合于客户服务以及与记者分享新闻消息；脸书（Facebook）更适合于让员工了解最新情况。

5分钟的训练

看看你在社交媒体上的投资，既包括金钱，也包括时间和人才。你是否像大多数公司一样在追随潮流和时尚？还是你在以盈利为先？你可以做哪些测试或研究来了解你的社交媒体活动对品牌和业务建设的影响？

表 1.1　品牌导向型增长简况

业务问题	促使这个项目开展的契机是什么？ 在过去的三年里，卡林啤酒的销量一直在稳步下降。这反映了用户群的老龄化以及未能带来新的、更年轻的用户
品牌问题	你要解决的品牌问题是什么？解决方案将如何解决商业问题？ 该品牌有良好的知名度和分销能力，其被认为是一个真正的传统品牌。然而，该品牌的主要形象是蓝领和体力劳动者，其描绘的男性成就已经过时了
消费者证据	什么样的文化、人性和品牌洞察力对解决品牌问题有益？ 通过文化解读表明，如今在南非，男性的成就是多维的，涵盖了生活的各个方面，包括工作、社会和家庭环境。品牌形象侧重于力量，与啤酒 5.5% 的酒精度有关，但这有不良行为的负面含义
商业抱负	具体的、可衡量的业务目标是什么？ 在使品牌恢复到每年 1%~2% 的增长之前稳定业务，同时维持毛利
品牌雄心和原型设计	品牌实现商业目标需做出何种转变？ 更新品牌对男性成就的表述，使之与年轻饮酒者相关。实现从"尊重饮酒者到吸引饮酒者"的转变 你打算如何将策略方案(如定位路线)付诸实施，以便与消费者和业务团队一起探讨？ 定位理念将使用广告故事板的方式来说明，以充分展现新的品牌个性，再通过激活思路来核实品牌策略在贸易中是如何运作的
策略应用和关键截止日期	该策略将被用于什么目的？具体来说，它将指导和告知营销组合中的哪些模块，以及这些模块何时需要投放市场？ 在下一个财政年度开始时，该策略将被用于全面重新启动品牌组合，特别是标识/包装设计、多渠道广告和移动设备主导的宣传活动
内部利益相关者	谁是该品牌策略的主要影响者和使用者？你将如何让他们加入？ 南非米勒酿酒公司(SAB Miller)的销售人员是非常重要的，因为他们是推动品牌分销和展示品牌形象的关键。此外，卡林啤酒是企业重要的现金和利润来源，首席执行官必须完全配合并参与到品牌的重启战略中
代理团队	哪些关键机构将会使用该品牌策略，你将如何让他们积极参与进来？ 奥美(Ogilvy)是一家始终用电话沟通的机构。我们还需要与移动激活机构 Brand-tone 紧密合作

续表

衡量	如何评判项目的有效性？ 业务方面：在恢复到每年 1%～2% 的增长之前，放慢销量下降速度，促使品牌稳定增长 品牌方面：品牌形象分值每提高 5%，用户渗透率将提高 3%，35 岁以下消费者的消费份额将从 35% 提高到 50%

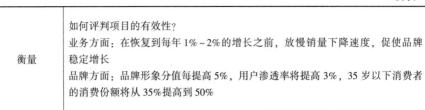

挑战三：防止"打磨金字塔"

对金字塔的打磨

太多关于品牌的工作都是纸上谈兵，而脱离了现实，把时间都花费在复杂定位的包装盒上了。金字塔形、洋葱形、钥匙形、灯塔形……每个季节都有一个形状。品牌方花费数小时、数周甚至数月来"打磨金字塔"，他们做了调整文字、舞文弄墨、调整色调等一系列无用功，为的是让品牌达到 100% 的完美。时间都被浪费在讨论单词或短语上，如"这一品牌的个性是'更开朗'而不是'更欢乐'吗？"或者"我们的优势是'好吃极了'而不是'很美味'"。更糟糕的是争论关于某个词或短语应该放在哪个定位中："自信难道不是一种更高层次的情感优势，而不是一种功能性的优势吗？"

"瓶装魔法"

正如我们在后文"有目标的定位"这一训练中详细探讨的那样，你的品牌定位应该是一次"发现之旅"，为你的品牌创造未来的方向。它不只是一个定位工具，我们还把它比作一部"相机"。它更多的是关于"摄影"的艺术和科学，以及你想创造的品牌的"未来图景"。首先，在提出了正确的问题并进行了探索之后，你可以使用你选择的定位工具来制定策略：我们称为"瓶装魔法"。其次，让一个最适合制定策略方案的小型团队付诸行动。一旦策略有 80%～90% 的可行性，就将"启动并学习"，在市场上进行尝试，以了解其真正的可行性。在这个过程中可能会犯错误，但你从这个过程中学到的比从任何消费者测试中学到的都要多。这种从市场运作中学到的经验可以用来更新策略。

挑战四：别管闲言碎语

情感困扰

品牌受闲言碎语影响的困扰未得到丝毫缓和，如果说有什么变化的话，那就是社交媒体的兴起使情况变得更糟了。许多团队觉得自己有义务成为娱乐性"内容"的创造者和策划者，与消费者建立"情感联系"，而不考虑产品类别和品牌性质。这种做法的风险在于，品牌所有者完全忘记了产品的卖点。

产品的情感吸引力和卖点

品牌定位既应该具备情感上的吸引力，也要兼顾产品的卖点。我们将探讨如何创造与众不同的宣传方法，不仅要在情感上具有说服力，而且还要讲述关于品牌的故事，避免"赞助娱乐"的陷阱：情感丰富，但缺乏品牌联系。无线家庭娱乐系统 Sonos 是一个很典型的例子，它将产品的情感吸引力和卖点结合在一起，产生了很好的效果。品牌理念"更好地倾听"植根于与传统音箱相比更卓越的产品体验中。情感上的吸引力来自于扬声器系统和用户界面的精美设计，以及幽默的宣传方式，这些特点与传统扬声器需要电线或充电底座的缺点形成了强烈对比。例如，图 1.3 中的海报上写着"播放失败 #28""无法维持"，并用"你比这更好"来挑战观众的接受度。

图 1.3　Sonos 体现出的情感吸引力与产品卖点

挑战五：避免"品牌自负"现象

品牌自负

许多寻求将自己的品牌扩展到新市场的营销人员低估了现有品牌的挑战，从而走上了我们所说的"品牌自负之旅"。这与前文讨论的情感困扰有很大关系。团队既忘记了产品的卖点，也忘记了进入新市场的实际业务问题，如公司的能力、供应链和建立足够的货架。品牌延伸的另一个问题是忽视了品牌具有领导地位的、可盈利的核心业务。

品牌附加值

挑战在于确定你的品牌在哪些方面真正具有获得或保持领先地位所需的竞争优势，我们将其称为"品牌附加值"。这是就产品类别而言的，但也可以包括地域和渠道。这种方法意味着减少花在品牌理论上的时间，而要花更多的时间在业务问题上。例如，与其问"多芬可以延伸到婴儿产品吗？"不如问"多芬能从婴儿护理中赚到钱吗？"品牌资产问题固然很重要，但如果能与"母品牌"有明确的联系，品牌延伸的效果会更好。然而，重点在于更尖锐的商业问题，不仅要看"奖金额度的大小"，而且还要看"获胜的能力"。这种方法可以适用于制定大型品牌战略决策，在考虑品牌延伸时尤其有用。稍后我们将在"延伸品牌脉络"中详细讨论这一问题。

以盈利为先——冰岛促进局(Promote Iceland)①

冰岛促进局是一个以盈利为先的典型例子，该组织负责提高国家的声誉，支持冰岛的工业和吸引外国游客。在与布鲁克林兄弟公司(Brooklyn Brothers)合作下，该组织以"灵感来自冰岛"(Inspired by Iceland)为品牌理念，在过去几年中创造了以品牌为导向的增长，这一点在对冰岛促进局的 Daði Guðjónsson 的采访中有所解释。

（1）主持商业事务。冰岛旅游活动牢牢植根于核心商业现实。第一环节始于 2010 年埃亚菲亚德拉冰川(Eyjafjallajökull)火山爆发后，冰岛产生了预计 1.8 亿英镑的收入缺口和许多负面报道。冰岛需要快速行动来解决国家形象问题。由于缺乏使用主流媒体的预算，导致了一场以社交媒体和数字媒体为重点的运动，但这次运动极大地提高了游客的数量。2250 万个故事被传播到世界各地，为冰岛带来了 1.65 亿英镑的额外经济收入，投资回报率为 61：1。[4]第二环节探索了另一个商业问题，即让人们不要在夏季旅游高峰期去冰岛旅游，因为夏季该国的基础设施难以应对增加的游客数

---

① 译注：冰岛促进局(Promote Iceland)于 2021 年 1 月 31 日起更名为冰岛商业局(Business Iceland)，详见 http：//www.mofcom.gov.cn/article/i/jyjl/m/202102/20210203036242.shtml。

量。这一举措已经取得了成功，季节性旅游减少了 40% 的游客。第三环节的目的是激励游客去发现该国不太知名的地区，同样是为了解决管理基础设施问题，这一措施也很有效，一些地区的经济增长与其首都雷克雅未克（Reykjavik）相当，甚至超过了首都的经济增长。整个活动已经促进了连续 20 个季度的游客增长，游客数量增加了 300%。

（2）"瓶装魔法"。埃亚菲亚德拉冰川火山危机给冰岛带来的一个好处是其没有时间来打磨"品牌金字塔"，做简报、创建品牌理念和活动、选择投标和代理机构的过程要在几天之内完成。随着时间的推移，团队致力于将"灵感来自冰岛"的定位通过视觉化手段呈现在一本名为《指路明灯》（*The Guiding Light*）的引人入胜的小册子中。其中包括在整个活动中一直贯彻执行的鼓舞人心的品牌宣言（见图 1.4）与充满快乐、欢迎、幽默的独特语调。

冰岛，并不适合所有人

· 它不适合那些想着和别人去同样地方的人。

· 它不适合保守、只敢幻想的旅行者。

· 它适合那些去环游世界体验不同事物、回来分享故事和秘密的人。

· 冰川的故事并没有随着冬天的到来而停止。

· 在每个季节、每个地区，冰岛都会为那些富有冒险精神和开明的人提供惊喜。

· 所以，欢迎你！欢迎所有具有冒险、探索和创造力精神的旅行者。

· 它可能不是你这个季节第一个想到要去的地方，但它将是你向朋友提起的第一个地方。

图 1.4　灵感来自冰岛《指路明灯》宣言

(3)情感吸引力与产品卖点。该活动的举办源于一个关于产品细节的品牌真相，即该国拥有最高水平的正面推荐率，超过80%。这就让人们产生了这样的想法，即通过使用Facebook、Twitter和Vimeo等社交媒体工具，向世界讲述关于冰岛的有趣故事。这个想法是为了搜集更多游客的故事，利用这些故事来接触更多的观众并做更多的宣传。情感上的吸引力来自独特的执行方式，有助于建立"品牌知名度"，超出了相对有限的投资预期。例如，第一环节是从世界首创的"冰岛一小时"活动开始的，即整个国家停止活动一小时，让国内的人们有时间分享他们的故事。为带动区域访客量，这一阶段的活动是基于这样的想法：关于去哪里旅游的最佳答案来自当地人，而不是谷歌。由此创造出来了一个名为"Ask Guðmundur"（冰岛最常见的名字）的独特的品牌，其自称是世界上第一个"人肉搜索引擎"（见图1.5）。每七个地区就会有一位名为Guðmundur的当地"专家"回答人们在社交媒体上发送的问题，共回答了来自50多个国家的1000多个问题。重要的是，布鲁克林兄弟公司对最佳内容进行了"策划和扩充"，使其在活跃的参与者群体之外产生影响。该活动共实现了4.46亿次的浏览量，679篇新闻报道产生的价值高达620万英镑。在观看活动的人群中，有超过39%的人群跃跃欲试。最有趣的是，该活动使谷歌的搜索量提升了160%。

图1.5　灵感来自冰岛和世界上第一个"人肉搜索引擎"

📝 **主要收获**

1. 品牌和代理团队应该专注于盈利，而不是追随最新的社交媒体风潮和时尚。

2. 太多的品牌战略工作仍然是"品牌方的胡闹"：过于理论化和复杂化。

3. 品牌建设不是一场选美比赛。创意和情感诉求的唯一意义在于推动盈利性增长。

反省清单一：以盈利为先

· 你的品牌是一幅精心编织的创造价值的蓝图，而不仅仅是形象包装？

☐是　☐否

· 你已经写过一份"品牌导向型增长简况"，以确保胸有成竹？

☐是　☐否

· 你的团队是100%地专注于赚钱，而不是追随最新的潮流和时尚？

☐是　☐否

· 你把品牌战略当作一次探索之旅，而不是一次"打磨金字塔"的练习？

☐是　☐否

· 你致力于追求产品的卖点，而不仅仅是追求情感上的吸引力？

☐是　☐否

👉 **接力棒**

以盈利为先的原则是品牌健身训练的基础。把这一原则应用到市场营销的所有领域将有助于确保各项活动在业务增长中发挥实际作用，从下一个训练"专注品牌组合"开始。

第二章
训练二：专注品牌组合

　　拥有太多的品牌会分散你的财力和人力资源。由于品牌的决策和执行更为复杂，也有可能会拖慢品牌成长的进度。在当今快速发展的数字世界中，这对企业是不利的。作为一名营销领导者，你需要果断地识别出利润增长最快的品牌，然后将预算、时间和人才集中在这些品牌上。拥有更精、更大、更强的品牌能帮助你更快、更灵活地行动。开发正确的品牌组合的关键是了解需要多少个品牌来实现你的商业抱负，以及用现有的预算能养活多少个品牌。

在我们的项目和研究过程中看到了许多成功案例，其核心都是由领导者集中其团队的力量来提高业绩。他们接手的企业往往资源比较分散、品牌实力较弱，但是这些实力较弱的企业却获得了有价值的预算，而这些预算本可以用于更好地创建或维持较强的品牌。

在探讨你可以采取的不同品牌组合策略之前，我们要先关注品牌组合的必要性，以减少复杂性，使你的公司运转更加灵活，具备迅速反应的能力，这在当今快速发展的数字时代至关重要。

专注是好事

自《品牌健身房》（第二版）出版以来的六年中，专注于品牌组合的压力有增无减。日益激烈的竞争以及动荡的经济和政治环境迫使企业将注意力集中在能够取得领先地位的少数品牌上。例如，食品公司 Premier Foods 专注于促进其多元化组合中的六个关键品牌的发展，以使公司恢复利润增长。该公司评论道："这六个品牌在过去的两年里，在创新和营销投资方面得到了更多的关注，这一结果清楚地表明，集团的创新和品牌营销策略正在发挥作用。"[1] 需要注意的是，我们不仅要关注投资回报率，还要关注"人才回报率"，即从最聪明、最有才华的人那里获得最大的回报。

迫使企业专注于品牌组合的因素如图 2.1 所示。

在当今的数字化时代，决策的执行速度至关重要。与需要处理复杂的品牌组合的公司相比，专注于更少、更大的品牌的公司可以获得更快的发展。例如，关于翻新和创新工作应该如何进行的争论越来越少。

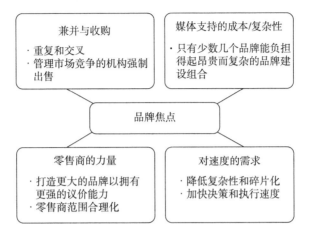

图 2.1　品牌聚焦的驱动力

　　来自零售商的压力也在增加。折扣连锁店的兴起迫使其他零售商减少产品库存，通常是领先品牌和自有品牌。例如，乐购(Tesco)将其系列产品减少了约30%，从9万种减少到6.5万种。这反过来又迫使品牌方关注它们的产品组合，以确保货架上陈列着最畅销的产品。

　　兼并和收购也是一个重要原因。例如，百威英博公司(AB InBev)以790亿美元收购南非米勒酿酒公司(SAB Miller)，继续创造出过多的新品牌组合，出于财务原因或市场竞争管理机构的要求，这些品牌组合需要合理化。

　　为多个品牌提供媒体支持的成本仍然是一个挑战。自《品牌健身房》(第二版)出版以来，规划传播渠道的复杂性也在增加，包括内容创作和方案策划，且为多个品牌提供媒体支持需要大量的资源和预算。

不同的品牌组合模式

　　品牌组合策略实际上并不仅仅是关于命名、视觉识别和商标大小的问题，许多团队在制定组合策略时都会被这些问题困扰。真正的问题是在权衡两种因素的基础上，确定品牌的最佳数量和部署，以实现利润最大化(见图2.2)。

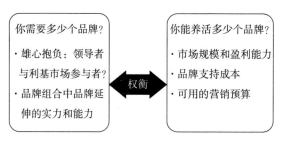

图 2.2　推动品牌组合策略的问题

第一个问题是，你需要多少个品牌来实现你的雄心抱负。像阿斯顿·马丁(Aston Martin)这样的高端利基型企业，是通过将所有精力集中在一个品牌上而成长起来的。不同的汽车品牌虽然面向不同的领域，但其拥有相似的情感价值观。相比之下，宝马(BMW)利用其主品牌，重新推出了迷你品牌，并收购了劳斯莱斯(Rolls-Royce)来覆盖多个细分市场和价值定位。

第二个问题是，你能养活多少个品牌并为其提供营销支持，而且还能获得可观的投资回报。考虑到开发、推出和维持品牌的巨大成本，对财务回报最大化的需求将促使你选择尽可能少的品牌。简单起见，通过回答"需求"与"供给"(这两个极端有时被称为"品牌化的组合"或"多品牌组合")的问题，我们将讨论三种品牌组合模式，即单品牌、子品牌和多品牌(见表2.1)。

表 2.1　不同的品牌组合模式

分类	单品牌(谷歌)	子品牌(吉列公司)	多品牌(宝洁公司的潘婷、伊卡璐和海飞丝)
品牌定位	各个平台之间保持一致；竞争差异小，有理由相信效益	本质、价值观与核心承诺一致；个性和价格定位的差异	品牌平台不同

续表

分类	单品牌(谷歌)	子品牌(吉列公司)	多品牌(宝洁公司的潘婷、伊卡璐和海飞丝)
销售线、品牌属性(如记忆学、视觉等值)	跨平台通用(相同的颜色、视觉风格)	跨平台通用("一个男人能得到的最好的东西")	品牌差异
投资支持	用于推广特定产品平台的品牌活动	开展让顾客感到宾至如归的子品牌活动	专业化、竭诚为各品牌提供支持
各平台的品牌支持所发挥的作用	提高对特定产品的认识	创造具体的价值主张，讲述品牌故事的一个片段	塑造独特的个性和主张
效益	设计、商业制作、品牌管理、内容创作/编排方面的成本节约；所有的宣传都建立在一个品牌上	设计、商业制作、品牌管理、内容创作/编排方面的成本节约；针对不同人群，同时在一定程度上建立核心品牌资产	每个平台都有明确的定位；全力瞄准不同的细分市场
存在的问题	限制了每个产品平台之间的沟通	子品牌有被当作独立品牌对待的风险，虽然得到了太多的支持，但却无法建立核心品牌	每个平台都需要大量投资；可以分割资源

单品牌

对于一个特定的市场，最具成本效益的品牌组合原则上应该是一个单一的、巨大的、有影响力的品牌。就像我们所看到的，如零售商的实力增强和不断上升的媒体成本等因素，都意味着创建和发展一个品牌越来越困难，成本越来越高。因此，将团队的努力集中在一个品牌上，会产生更高的效率。

在这种模式下，品牌定位在各产品平台上基本相同，具有共同的视觉识别系统和销售路线。竞争环境与核心消费者目标的微小差异意味着利益分配可能会被调整，但承诺、个性和价值观是相同的。例如，随着谷歌的业务扩展到搜索之外，即提供其他的应用程序，它主要使用描述性的名称，如谷歌邮箱（Gmail）、谷歌云存储（Google Drive）、谷歌日历（Google Calendar）等。所有这些应用程序都有类似的外观和感觉，并为客户提供简单、高效、有效的体验。投资的重点是推广"套装"服务，而不是针对不同的目标群体或场合推介单个产品。

这种方法的局限性在于，它可能会限制每个产品与竞争对手充分竞争的能力。在单一的品牌组合中，针对产品的宣传和创新是有限的。例如，妮维雅（Nivea）试图在化妆品市场上与更多的专业品牌竞争，但以失败告终，我们将在本书后文探讨这个问题。

子品牌

当品牌目前的定位发生很大的变化时，使用一个描述性的名字（比如说 Google Mail）可能无法赋予新产品或服务足够的个性。在这种情况下，下一步要考虑的是子品牌。在这个品牌组合中，拥有一个强大的核心"主品牌"与一系列丰富的功能和情感利益相关。例如，吉列剃须刀在美容市场上代表着高性能、男子气概和干净剃须。其子品牌如感应（Sensor）、锋速（Mach 3）和融合（Fusion）的定位与主品牌有关。每个子品牌都对应满足不同的需求，重要的是其支持不同的零售价（见图 2.3）。这些名字比 3 刃、4 刃和 5 刃等描述词更有感情和更具个性，但还没有足够的实力成为品牌。很少有男人会花 10 英镑或更多的钱去买一把名为"融合"的新剃须刀。然而，他们很乐意去买一把"吉列融合"，这个子品牌就像一个新的"名字"冠上了"吉列"的姓氏。

在谷歌的单品牌组合中，与 Gmail、Google Drive 和 Google Calendar 相比，Sensor、Mach 3、Fusion 等子品牌之间的差异更大。Fusion 具有独特的个性，比 Mach 3 更先进、更现代化。它也有自己的广告宣传优势，专门宣

图 2.3　子品牌的应用

传五刀剃须刀技术，这种技术不仅可以减少刮的次数，还可以刮得更干净。然而，它有其明显的品牌风格，也有与吉列一致的元素，如注重剃须性能以及用"一个男人能得到的最好的东西"来作为广告词。Fusion 的提议为讲述吉列的故事揭开了新篇章，但其讲述的并不是一个完全不同的故事。

从理论上讲，这种方法似乎可以让公司"鱼与熊掌可兼得"，既可以节省品牌设计和管理的费用，又可以对产品采取更有针对性的方法。然而，在现实中，子品牌的风险和隐患最终可能会让许多公司掏空腰包。我们很容易给每个子品牌太多支持，这些支持实际上是你为一个真正的独立品牌分配的预算和资源，但却没有一杆秤来判断这种投资是合理的。雀巢（Nescafé）的咖啡系列就遇到了这个问题，作为咖啡行家也是其子品牌的Alta Rica 和 Cap Colombie 得到了专门的广告和营销支持。市场营销的工作开始分化，不再建立和更新品牌的核心理念。雀巢解决了这个问题，将这两个产品归为一个"异国情调"的子系列，并重新调整品牌形象，这一做法对雀巢的发展十分有利。现在很清楚的是，这个日常高端的子品牌雀巢金牌（Gold Blend）显然是"家庭的成员"，因此需要的支持比一系列独立的品牌少。时尚品牌博柏利（Burberry）甚至更超前，在 2016 年，该品牌完全取消了它的三个子品牌 Prosorum、London、Brit，将这些系列整合到博柏利的主品牌下。[2]博柏利的首席执行官克里斯托弗·贝利（Christopher Bailey）解释说："通过将三个子系列统一在一个品牌下，我们可以使博柏利系列为顾客提供更一致的体验。"

表2.2是一个品牌架构工具，可以帮助你在品牌上做练习。需要注意的是，首先要从主品牌的定位开始，然后再在其他平台的定位上下功夫，尽可能减少更改。与"自下而上"的方法相比，这样做可以产生一个更具凝聚力的品牌，你可以为每个子品牌拟定一个定位，并希望它们"累加起来"成为某种主品牌的定位。

表2.2　扩展平台和主品牌之间的关系

平台	雀巢主品牌/原始品牌（核心产品）	雀巢金牌（扩展平台1）	雀巢的异国情调系列（扩展平台2）
市场定义	带来味觉享受和情绪变化（情绪高涨或情绪低落）的热饮产品/服务	带来味觉享受和情绪变化（情绪高涨或情绪低落）的**高端的**热饮产品/服务	带来味觉享受和情绪变化（情绪高涨或情绪低落）的**内行的**热饮产品/服务
核心目标	对咖啡有足够关注的人，会选择他们真正喜欢的口味和香味的咖啡	对咖啡有足够关注的人，会选择**更特别的咖啡**，即使它的价格更高	对咖啡有足够关注的人，会选择**有特定产地和更特别的味道**的咖啡
洞察力	咖啡的味道和香气不仅给人带来了生理上的愉悦感，而且还让人心情愉悦	咖啡的味道和香气不仅给人带来了生理上的愉悦感，而且还让人心情愉悦	咖啡的味道和香气不仅给人带来了生理上的愉悦感，而且还让人心情愉悦
主张	咖啡能够为人们带来愉悦感，通过为人们带来新的开始、新的想法或者仅仅是为人们提供愉快的聊天环境，让人与人之间建立了真正的联系	咖啡能够为人们带来愉悦感，**给咖啡爱好者带来个人满足感**	咖啡能够为人们带来愉悦感，**让人充分享受异国情调**

续表

平台	雀巢主品牌/原始品牌 （核心产品）	雀巢金牌 （扩展平台1）	雀巢的异国情调系列 （扩展平台2）
效益	我们所熟知的和喜爱的味道和香气仍然像以前一样好	**口感顺滑，香气浓郁**	**更深、更浓的味道和香气**
品牌的真理	咖啡制作的专业知识/经验，原创＝英国最受欢迎的咖啡口味	咖啡制作的专业知识/经验，**真正的咖啡粉，独特的罐子形状**	咖啡制作的专业知识/经验，**独特的深色罐体，真实的、特定的产地**
价值观	享受当下，洞察力	享受当下，洞察力	享受当下，洞察力
个性	支持我的，成功的，受欢迎的	**独家，浪漫，要求高**	**异国情调的，神秘的，浓郁的**
品牌理念	这一切都始于 NESCAFÉ	这一切都始于 NESCAFÉ	这一切都始于 NESCAFÉ

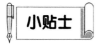

小贴士

- 从主品牌开始，然后调整扩展系列，而不是反其道而为之。
- 用加粗字体显示与主品牌的变化。为保持品牌的一致性，差异在 15%～20%。

多品牌

在这种模式中，多个品牌各自针对一组特定的需求和消费者，并鼓励它们为自己而战。这种方法可以让每个品牌更专注于自己的主张，因此理论上可以更好地满足其目标受众的需求。每个品牌都有自己独特的个性、价值和前景，需要有专门的支持才能生存和发展。通常使用的是"太阳和行星"模式，即拥有一个明确的针对主流市场的大型中心品牌，辅之以在细分市场上追求领先的子品牌。例如，宝洁公司的洗衣组合把负责日常清洁的碧浪（Ariel）作为中心品牌（"太阳"），Fairy 专注于高端的护肤领域，而 Daz 则是一个低价的"明智的购物者"品牌，专注于香氛（见图 2.4）。

图 2.4　联合利华洗涤品牌的"太阳与行星"组合

在某些情况下，产品品牌是独立的，没有任何有意义的公司品牌的背书。在其他情况下，背书人需要提供额外的保证。例如，目前，联合利华正在推行这一策略，投资于与企业自身价值观、可持续性和竞争力相关的品牌。巧克力品牌吉百利（Cadbury）已经投入了大量精力，其通过创造运营吉百利巧克力世界乐园（Cadbury World Entertainment Park）、高调的赞助和企业责任的宣传等活动，包括该公司关于可持续性地采购可可的"可可生命"（Cocoa Life）倡议，创造了有意义的企业品牌。此外，吉百利品牌有着多年的历史底蕴，这要归功于吉百利"龙头"系列乳制品的实力。

当背书人拥有真正的品牌资产时，才能真正为品牌增加价值，就像吉百利一样。新产品有更好的试用机会，因为产品背书能让消费者相信巧克力的质量和口味。然而，在许多种情况下，不知名公司的标志只是简单地"贴"在包装的左上角，希望其能增加品牌价值。

多品牌组合的缺点是需要承担多个品牌的成本，需要在媒体以及商业生产和设计方面进行大量投资。只有当每个品牌在用户群、场合或价格定位方面与组合中的中心品牌有明显不同时，拥有多个品牌才是合理的（将在第十一章详细介绍）。

现在，我们将通过研究两个关键问题来看看如何将品牌组合策略的原则应用到你的业务中：你需要多少个品牌？你能养活多少个品牌？

你需要多少个品牌?

品牌组合项目的一个常见问题是，营销经理们直接就哪个品牌应该得到更多或更少的支持展开争论，而不是花时间以系统的方式来考虑全局。一个更好的方法是确定市场上的增长机会，然后考虑公司的哪些品牌资产可以抓住这些机会。这一分析阶段随后将为战略制定提供信息，进而指导涵盖品牌延伸、迁移和创建/收购等问题的行动计划（见图 2.5）。

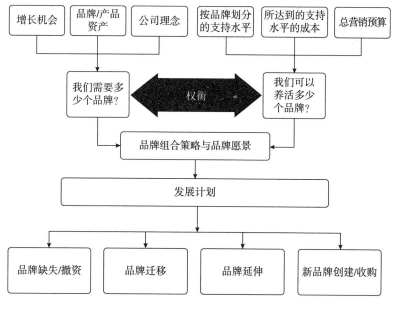

图 2.5　品牌组合过程

增长机会

在开始回答"你需要多少个品牌？"之前，你需要确定增长的机会，这就需要对市场进行界定和规划。

界定市场

在规划过程中需要考虑的一个重要因素是对市场进行足够广泛的界定。如果百事可乐公司把它们的市场仅界定为"可乐"，而不是更广泛地定义为"可饮用的饮料"，那么其就会错过运动饮料、果汁和水等新机会。市场越广，问题就越有挑战性，其潜在的合理化节约空间也就越大。

在界定市场时，需要进行理性的检查。如果涉及面太广，你的公司没有能力生产相关的产品，那么任何形式的创新都会被对手争夺。如果公司雄心勃勃，并准备投入大量资金时，也许可以接受这种做法。但是，大多数企业都试图利用它们已经建立的物质资本和人力资本开展核心活动。例如，菲多利公司（Frito-Lay）是生产土豆和墨西哥玉米片等咸味零食的行家，但其在生产甜味零食方面进行的尝试很有限。了解公司对资本投资的能力和态度，可以让团队避免跑向前途黯淡无光的方向。

规划市场

下一步是在对"细分"的理解基础上绘制一幅"市场规划图"：消费者如何在品牌之间做出选择。你需要关注不同的选择维度，例如"5W"：购买什么产品（What）、为什么购买（Why）、何时购买（When）、在哪里购买（Where）、用户群体和类型（Who）以及价格是多少（见图2.6）。这项工作可能涉及代价很高和耗时较长的定量研究。然而，根据我们的经验，通过良好的判断力和定性研究，你可以得到70%~80%的答案。

一些公司使用一个二维矩阵来总结市场中的关键部分，如为谁购买（目标群体）和为什么购买（利益方）。然后，不同的品牌会选择图2.6中的

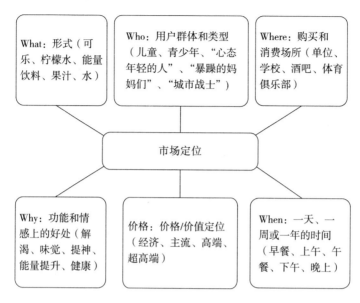

图 2.6　软饮料的"5W"实例

不同维度。这种方法的缺点是，它将限制两个细分市场的变量。

我们在一张可视化的"增长规划图"中发现了一种更有效的方法，图中包含了一系列的"成长平台"，每个平台都锚定在不同的"W"维度或它们的组合上("需求空间"是描述这一过程的另一个流行语)。这张规划图生动地展示了你对市场未来现状的看法。规划图还应该根据不同平台当下的规模或者在某些情况下对未来潜力的估计，来划分平台的大小。

图 2.7 是亚洲一家领先乳制品公司的实例。一些成长平台以"用户群体和类型"为基础，如婴儿奶粉；另一些平台则以"何时购买"和"为什么购买"为基础，如在活动前后补充能量。一旦定义了你的成长平台及其需求空间，或"从哪启动"，你就可以用更多的细节将它们变为现实，并在每个平台中定义"如何获胜"。表 2.3 展示了尼尔森公司(Nielsen)建议一家国际零食公司采取这种方法的实例。[3]

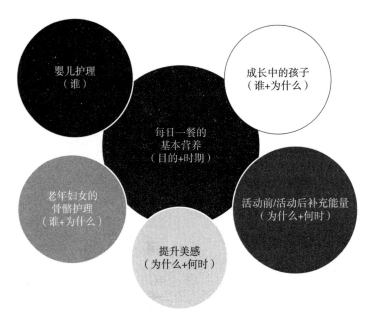

图 2.7　某乳品公司的成长规划

表 2.3　"需求空间"及"如何取胜"的实例

需求空间：深夜零食	中国	25 亿美元	4%的需求量
	印度	60 亿美元	11%的需求量
	巴西	70 亿美元	12%的需求量

这是关于：一个沉溺于深夜零食的、在一天结束时满足于渴望的个人时刻。可能是出于消磨时间的需要，或者只是为了在熬夜时填饱肚子。以热饮、巧克力、糖果和大米类零食为主

5W（指数与平均指数）		
地点（Where）： 客厅（指数 120） 卧室（指数 130）	原因（Why）： 渴望（指数 135） 感到快乐（指数110）	内容（What）：每份的价格 热巧克力/麦芽乳饮品，如美禄（指数 170）——0.4 美元 巧克力和糖果，如 Beng Beng（指数 150）——0.1 美元 大米类零食，如自有品牌（指数 115）——0.3 美元

续表

谁（Who）： 青年（指数 118）	时间（When）： 下午 6 点后（指数 145）	价格：溢价作用——指数 115 vs 平均指数
如何取胜		
解锁策略摘要：在通过交流来满足发自内心的快乐时刻，把饼干作为深夜放纵饮食的首选。尝试与知名巧克力品牌开展品牌合作，以增强放纵时刻的联想		
地点： 便利的时机	信号：深夜放纵的个人时刻	产品/包装：一次性使用的独立产品　宣传：数字媒体/社交媒体　合作品牌：巧克力品牌

资料来源：尼尔森公司。

品牌资产

下一个分析阶段使用筛选过程来确定品牌组合中的"核心品牌"以及那些应该减少支持甚至被扼杀的品牌。一系列的筛选标准有助于客观地评估品牌组合：拥有独特的名称和标志、为人所知、值得信赖、令人神往（见图 2.8）。根据每项标准对品牌进行评分，评分时应基于定量研究和财务数据，而不仅仅是主观判断，从而确保评分尽可能稳健。杜邦公司（DuPont）采取了严格的流程来集中其品牌组合，这些品牌组合拥有惊人的 22000 个商标。定量研究和财务分析有助于确定需要重点关注的五个主要品牌，如凯夫拉（Kevlar）和特氟龙（Teflon）等。根据与该公司合作的机构的说法，这一过程有助于"通过将资金集中在较少的品牌上来提高营销效率"，并"通过减少商标保护、维护和开发的成本来节省开支"。[4]

重叠和不重叠

最后这一阶段是把对增长机会和品牌资产的分析结合起来。具体来说，团队需要了解现有的品牌组合在影响其做出选择的关键维度上的表

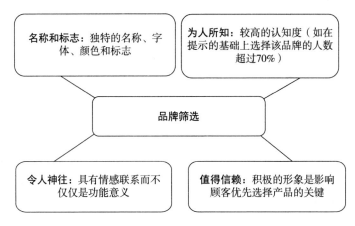

图 2.8　品牌资产筛选

现。主要表现为重叠、不重叠和未来机会三种类型。

重叠是指几个品牌具有相似的品牌定位和组合，彼此之间缺乏特色。在这种情况下，应该提出一些尖锐的问题，即强势品牌能否承接目前在其他弱势品牌下销售的产品或服务。例如，西班牙的桑坦德(Santander)银行将英国的三个高街品牌 Abbey、Alliance & Leicester 和 Bradford & Bingley 撤销，并将其纳入了桑坦德银行旗下。这是一次大胆的举动，因为桑坦德银行是一个全新的品牌。然而，公司投资了数百万英镑用于提高品牌知名度，包括高调赞助体育明星刘易斯·汉密尔顿(Lewis Hamilton)、罗里·麦克罗伊(Rory Mcllroy)和杰西卡·恩尼斯·希尔(Jessica Ennis-Hill)。此外，Abbey 品牌已经使用桑坦德银行的视觉标识一段时间，降低了过渡的风险。

品牌协调的另一种方法是反其道而行之，使品牌更具特色，以增加品牌组合的重叠。荷兰弗里斯兰食品公司的果汁品牌组合就是通过这种方法把两个主要品牌分开的。对于 Coolbest 而言，它强调的是品牌要更年轻化、更酷、更城市化和更实用，而 Appelsientje 强调的则是更贴近自然、更接近农场和更适合家庭。这里需要注意的是，不要让品牌之间的差异太大，以免偏离了人们想要的核心利益。本书后文会提到，这一方法的目的更加侧重于创造品牌之间的独特性。

不重叠的情况是指没有一个品牌是充分发展的，竞争者通过满足新的需求或瞄准新时机来赢得生意。第一反应应该是延伸最强大的品牌来抓住这些机会，比如可口可乐向注重健康的消费者推出健怡可口可乐（Diet Coke）、向低龄儿童推出无咖啡因可乐。这种延伸主要是功能性的，所以可乐品牌可以通过延伸以完全满足新的需求。

然而，如果品牌延伸需要一套不同的情感价值观，可能还需要产生一个新的品牌，尽管这是一条十分具有挑战性的道路。

正如一位顾问所言，"新品牌有点像婴儿——创造它们比支持它们要有趣得多。"英国超市英佰瑞（Sainsbury's）采取了新品牌路线，试图在英国的硬折扣领域竞争，它在 2014 年通过合资企业推出了 Netto 品牌。然而 Netto 在英国面临着一场艰难的盈利增长战，因为它是排名第三的折扣店品牌，只有 16 家门店，而 Lidl 有 629 家门店，Aldi 有 560 家门店。但仅仅两年后，该公司就关闭了 Netto 门店，其首席执行官迈克·库普（Mike Coupe）评论说："我们已经做出决定，不再追求这个机会，而是专注于我们的核心业务。"[5]

这一分析阶段应该回答这个问题，"你需要多少个品牌？"不仅要反映出品牌对市场增长机会的理解，还要反映出哪些品牌最能满足这些机会的客观评估。此外，应该强调需要被延伸或扼杀的品牌。团队认为他们现在需要的品牌数量必须要考虑财务收益的严酷现实，他们不得不问："你能养活多少个品牌？"

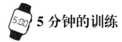 **5 分钟的训练**

你有哪些机会可以使你的品牌组合合理化？哪些品牌是比较薄弱的，不符合公司的愿景？哪些品牌拥有领先的地位，并且足够强大，可以通过创新来发展或通过承接其他弱势品牌目前所销售的产品或服务来获得发展？

你能养活多少个品牌？

一家公司能负担得起多少个品牌，这个问题似乎更难回答。拥有优秀管理团队的大型跨国公司总是高估了它们能有效支持品牌的数量。一些简单的数学运算可以帮助你避免犯同样的错误。

1. 所达到的支持水平的成本

这是第一个要确定的变量，即在不同层次的市场中支持一个品牌的成本。这个数字应该包括促销活动在内的总营销成本，而不仅仅是广告支出，并且会根据市场规模和竞争强度等因素而变化。一般来说，投资水平分为以下几类：

➤ 积极扩张品牌：增加份额并支持重大创新项目。

➤ 打造品牌：与市场增长保持一致或略微领先于市场增长的数量。

➤ 维护品牌：维持销量，但接受销量下滑。

➤ 为获利而管理品牌：重点是创造利润（有时将这种行为称为"挤奶"）。

一个市场的品牌支持成本可以通过复杂的分析技术和统计模型来计算。然而，大多数有市场工作经验的团队都能很好地初步计算出支持一个品牌的成本。

2. 对品牌的投资

下一步是计算出你的品牌组合中每个品牌的计划支持水平。首先，请每个品牌团队选择他们下一年想要达到的支持水平。将每种支持水平对应的品牌数量（积极扩张品牌、打造品牌等）乘以每个品牌所对应支持水平的年度成本，就可以得出所需的总预算。无一例外，大多数团队都想"打造品牌"并"积极扩张品牌"，但也有一些团队想"维护品牌"，而不是"为获利而管理品牌"。人们已经认识到，推出能增加销售量的产品往往比为获利而管理品牌更容易获得成功，所以每个人都在寻求对其品牌的最大支持。然而，制定正确的品牌组合战略需要强有力的领导，并重点关注整个品牌组合的营利性增长。

3. 可用的营销预算

在大多数情况下，公司通常会在 3~5 年的计划中拟定一个数字作为总营销预算。这个数字可以作为迭代练习的起点，如果团队能够证明他们可以通过增加预算交付更多的利润，那么这个数字就会受到挑战。

4. 预算表单核查

表 2.4 是一份简单的预算单，其比较了期望的品牌投资水平(来自步骤 2)和可用的营销预算(来自步骤 3)。根据经验，结果往往是所需的预算比可用的资源至少高出 20%~30%。这一缺口通常是通过支持更多的品牌，同时减少每个品牌的资金来解决的。这意味着弱势的品牌得到了过度的支持，会吞噬宝贵的资源，而强势的品牌则资金不足，会错失可能的增长机会。更好的解决方案是做出一个艰难的决定，即把重点放在支持少数真正有增长潜力的品牌上。

表 2.4　预算表单核查

支持等级	用途	每年投资的成本(万美元)
A 级	积极扩张品牌	1500
B 级	积极扩张品牌	1500
C 级	打造品牌	1000
D 级	维护品牌	500

支持等级	用途	每年投资的成本(万美元)
总支出		4500
实际预算		3700

制定正确的策略——达能集团(Danone)

在分析阶段之后,可以将"需求"和"供给"这两个方面结合起来,以确定正确的品牌组合战略,这通常是一种迭代的方法。例如,你可能决定用三个品牌来迎合所有的成长机遇,但以目前的预算只能负担得起两个品牌。你需要回过头来挑战关于你需要多少个品牌的假设,或者发现更大的增长空间来证明更多的预算是合理的。

表2.5是一份品牌组合策略概要,其囊括了每个品牌的侧重点和它们的投资水平。品牌组合中的每个品牌也需要具有清晰的品牌愿景和定位。品牌组合策略和品牌愿景的过程是迭代的。一方面,一个品牌在组合中的作用可能会受到团队对其愿景的影响;另一方面,品牌的愿景应该以它在组合战略中所发挥的作用为指导。在实践中,你可以从任何一个地方开始,但要确保迭代过程迅速开始,以避免在单独完善和开展任何一个环节上浪费时间。

表 2.5 品牌组合策略概要

品牌	潘婷	Wash & Go	海飞丝
业务角色	销量增长	现金增值	盈利增长
投资	积极扩张品牌	维护品牌	打造品牌
产品	洗发露、护发素、造型	二合一洗发露	洗发露、洗发液

续表

品牌	潘婷	Wash & Go	海飞丝
核心客户	都市女性	家庭	有头皮屑的男性
销售地点	超市	超市	超市和药店
使用时间	随时	随时	冬天
宗旨	使发质有光泽、有韧性	养发	去屑
物价指数	110	100	130
品牌属性	含维他命原，使发质有光泽、有韧性	绿色瓶子	"百分之百无头屑""世界领先去屑洗发水"
销售份额	40%	20%	40%
投资份额	50%	10%	40%

策略到位后，就需要制订明确的行动计划将其付诸实践。这个行动计划包含以下四个要点：

1. 品牌撤销/撤资

要彻底摆脱一个品牌是最难做的决定。通常情况下，一个品牌的建立需要大量的投资和努力，所以"用枪指着它的头"并不容易。Twitter 采取了这种强硬的方式，扼杀了其在 2012 年以 3000 万美元收购的短视频品牌 Vine（尽管这在价值数十亿美元的数字世界中只是沧海一粟）。

精简品牌组合的一种更有利可图的方法是卖掉不需要的品牌。20 世纪 90 年代末，达能集团已经成为一家高度多元化的食品和饮料企业，其业务范围涵盖了从啤酒到婴儿食品的几乎所有产品。该集团以"同护地球，共享健康"为品牌愿景，专注于四个具有高增长潜力的商品类别，而这些类别已经或者可能遥遥领先（见图 2.9）。其核心业务是生鲜乳制品，达能集团在这方面是全球的领导者，拥有 28% 的份额。该集团的领导人果断地实现了这一愿景，在 10 年时间里，大幅度地集中了品牌组合，并出售了大量的品牌，包括：

➤ 意大利面和酱料：Panzani

➤ 冷冻和冷藏的即食食品：Marie Surgeles

➤ 啤酒：法国克伦堡凯旋啤酒（Kronenbourg）

➤ 奶酪和火腿：格尔巴尼（Galbani）

➤ 饼干：McVities、Jacobs、LU、Tuc 和 Prince

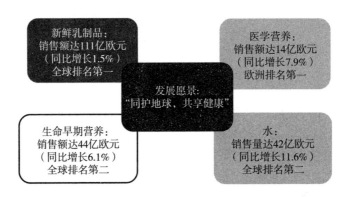

图 2.9 达能集团的重点经营策略（2014 财年销售额）

达能集团将这些产品出售后获得的现金用于发展其全球活跃的健康品牌，包括 Activia、Actimel 和 Vitalinea，这些品牌目前的销售额都超过了 10 亿美元。另外，其还收购了一些活跃的健康品牌。纽密科（Numico）集团带来了医学营养与婴儿食品品牌牛栏（Cow & Gate）和爱他美（Milupa Aptamil）。最近，达能集团以 125 亿美元收购了美国白浪（White Wave）食品公司，这家公司旗下拥有颇受欢迎的阿波罗无糖豆奶和杏仁乳品牌。该公司现在百分之百地专注于自主性健康产品，其产品的用户范围涵盖了婴儿、成人和老年人。2010~2014 年，该公司对品牌组合进行了调整，将重点放在了高增长的产品上，销售额同比增长 5.9%。

2. 品牌迁移

在某些情况下，被作为独立品牌对待和支持的产品缺乏权益和增长潜力来证明这种投资水平的合理性，也许有可能将这些产品转移到一个更强大的品牌旗下。例如，EE 在 2015 年淘汰了 Orange 和 T-Mobile，将 EE 作为英国移动网络市场的一个单一品牌。这是一次大胆的举动，因为 EE 在 2012 年才以"为你的数字生活提供新网络"的服务宗旨被创建，而 Orange 和 T-Mobile 各自有超过 15 年的历史。在品牌整合之前，品牌方为新的 EE 进行了大量投资，以建立品牌资产和客户群体。新的、更快的 4G 技术是品牌发展的关键和独特之处。该品牌的视觉设计也非常独特，在青色的背景上使用了一系列的小圆点(在线上视频播放时植入动画效果)(见图 2.10)。品牌重塑是一个很好的例子，说明真正的挑战不是品牌的迁移，而是客户的迁移。EE 积极推动这一过程，鼓励 Orange 和 T-Mobile 用户改用新品牌。例如，Orange 的用户在注册 4G 服务时，必须转到 EE 品牌才能获得这些服务。创建一个单一的、强大的新品牌是使业权共有人德国电信和法国电信在 2015 年以 125 亿英镑的价格将业务出售给英国电信的关键一步。

图 2.10　在迁移其他品牌之前创建一个独特的品牌

3. 品牌延伸

品牌延伸利用了现有的品牌将新机会资本化，避免了创建新品牌的成

本。例如，亚马逊已经从图书销售延伸到多个类别，包括食品杂货和视频流媒体。我们将在后面的训练"延伸品牌脉络"中讨论这一增长途径。

4. 品牌创建/收购

创建或收购一个新品牌应该是在探索了所有其他途径之后的终极选择。当现有的品牌所需的延伸幅度太大而无法令人信服时，特别是当新产品的价格定位或个性与目前的定位相去甚远时，这种做法可能是必要的。丰田汽车(Toyota)原本很难进入豪华车市场，因为它缺乏独特性和声望，这就给了雷克萨斯(Lexus)可乘之机。

收购品牌的另一个理由是加快企业能力的建设。例如，Facebook 在2012 年支付了令人瞠目结舌的 10 亿美元来收购 Instagram。这对于Facebook 来说似乎是一次疯狂的举动。据报道，当时 Instagram 只有 13 名员工，没有成熟的创收模式，更不用说利润了。然而，在今天看来，这笔交易确是明智之举。它使 Facebook 能够逐步改变其在移动领域的能力，目前这部分收入占广告收入的 84%，而这一数字在 2012 年还不到 20%。[6]

📝 主要收获

1. 碎片化是不利的。它削弱了品牌太多的财力和人力资源，从而降低了品牌投资的回报率。

2. 专注是好事。突出最强的品牌，并将精力集中在这些品牌上，确保投资不会与最佳的发展机会背道而驰。

3. 制定正确的品牌组合策略应该是一个全面的分析过程。它应该考虑到你真正需要多少个品牌来把握已确定的发展机会，以及你能用现有的资金养活多少个品牌。

反省清单二：专注品牌组合

➤ 你的品牌组合策略工作是集中在确定有利可图的品牌配置上，而不是标志设计和命名上？

☐是 ☐否

➤ 你是否绘制了一幅市场规划图来指导你的品牌组合策略？

☐是 ☐否

➤ 你已经计算出你真正需要多少个品牌，识别出品牌重叠或不重叠现象？

☐是 ☐否

➤ 你是否仔细地计算过你能养活多少个品牌？

☐是 ☐否

➤ 你是否已经将策略转化为实际的发展计划，包括品牌撤销、迁移和延伸等问题？

☐是 ☐否

接力棒

此项训练强调了要将财力和人力资源集中在具有最佳发展潜力的品牌上，作为衡量品牌推广方法的标准之一。现在，我们将进入本书的第二篇——"品牌行动愿景"，以如何"寻找真正的洞察力"作为创造理念的催化剂，从而帮助你打造品牌和开展业务。

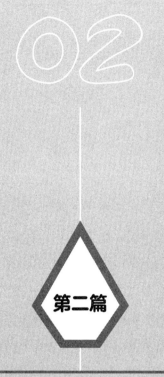

02

第二篇

品牌行动愿景

第三章
训练三：寻找真正的洞察力

　　在过去的几年里，市场营销的许多方面都发生了变化，但在今天的数字时代，品牌战略最重要的成功因素仍然是对消费者的深入洞察。这就涉及挖掘简单结论之外的内容，发现真正的见解，启迪你并让你采取行动。要做到这一点，洞察力应该是"全面的"，探索你的品牌在生活和文化中而不仅仅是在产品类别中的作用，将人性洞察力和数字洞察力全面地结合起来。

洞察力的持久重要性

数字媒体和社交媒体已经极大地改变了市场营销和品牌的世界。然而，尽管发生了这些变化，根据我们对市场营销总监的研究，"深刻的消费者洞察力"仍然是品牌定位最重要的成功因素。考虑到数字和社交渠道的混杂，关注客户和市场是当今的一大挑战。宝洁公司前北欧地区品牌总监罗新·唐纳利(Roisin Donnelly)评论说："市场营销过度关注平台，而我们应该关注人，以人为本。"[1]

在如今的数字时代，两个社交媒体品牌截然不同的命运体现了洞察力的重要性。第一个品牌是 Facebook，你一定很熟悉。它发展迅速，市场估值高达 2450 亿美元，令人瞠目结舌。第二个品牌是故友重逢(Friends Reunited)，你可能没有听说过。尽管该品牌在 Facebook 上抢占了先机，但该品牌却在 2016 年逐渐衰落并最终消亡。原因就在这里。

关于两个社交网络的故事

故友重逢是社交媒体的先驱。它成立于 2000 年，比 Facebook 早了整整 4 年。它帮助人们在网上重新发现并重新联系学校的朋友。2005 年，它被广播公司 ITV 以 2.5 亿美元收购。然而，该品牌的发展举步维艰，2009 年 ITV 仅仅以 3500 万美元就将其出售了。2016 年它彻底被关闭。该品牌出现问题的主要原因是洞察力基础薄弱。故友重逢满足了人们寻找老同学的愿望(如希望那个欺负你的男孩已经变成了一个失业的胖子)。从这种洞

察力出发来看其服务主张，表现出的问题是品牌缺乏"客户黏性"。可是当你认出了你的同班同学并给他们留了言，然后呢？为什么要回到过去呢？正如创始人史蒂夫·潘克赫斯特（Steve Pankhurst）所解释的那样："我意识到，在 1000 万注册用户中，有很多是在十年前注册的，他们的联系方式已经过时了。"[2] 相比之下，Facebook 是建立在更强大和持久的洞察力之上的。这不是为了与朋友联系，而是为了炫耀。只要看看人们发布的内容就知道：表现出色的孩子在豪华学校领取奖品的照片；在情人节表达爱和奉献的情侣；热门音乐会的前排照片（"看看我在哪里，而你却不在那里！"）。同样的事情也适用于你在 Facebook 上点赞的页面，《品牌健身房》的合伙人和社交媒体专家 Teymour Bourial 解释道："在年轻人的想法中，一个人点赞的页面对其他人来说是可见的，年轻人希望通过这样做来展示他们的品位和生活方式。"西伊利诺伊大学的一项研究证实，"在自恋型人格问卷上得分高的人在 Facebook 上拥有更多的朋友，并且更频繁地更新他们的状态。"[3] 对于许多人来说，这种炫耀和获得关注（以及查看别人在做什么）的欲望是无法满足的，这使 Facebook 成为一个更具有"黏性"的选择：与其他社交网络相比，用户访问它的频率更高，花费的时间更长。

新的数字品牌可能在外观、行为和联系方面有所不同。但除去炒作、技术言论和狂热的筹资，成功或失败仍然取决于是否有真正的洞察力，从而在此基础上建立一种相关的、独特的价值主张。

融合人性和数字洞察力

如今，分析大数据的技术越来越成熟，企业拥有越来越多关于消费者态度和行为的信息。这对消费者洞察力意味着什么？一些专家认为，数字研究将取代传统技术，如定性小组和访谈。然而，我们对市场营销总监开展的研究表明，数字技术，如数据分析和社会化倾听（Social Listening），将补充而不是取代与消费者直接的、真实的人际接触。就像一般的品牌策略一样，我们面临的挑战是如何重新启动这一过程，将新的数字技术与经过测试的技术完美结合。此外，我们在《品牌健身房》项目上的经验表明，团队往往拥有太多的数据，受到一波又一波的信息冲击。有必要摆脱这种困境，不仅要考虑"发生了什么"，还要考虑"为什么发生"？

Ben & Jerry's 使用了一种"混合"的洞察力方法来完善它们的营销组合。社会化倾听显示，由于期待周末的到来，人们在周四的社交"闲聊"会增多。数据表明，在炎热的周末该品牌的销量特别高，这是预料之中的。但雨天的周末也会出现消费高潮，沉浸式的访谈揭示了品牌的情感性利益，即"给胃和灵魂带来快乐"。这就促使了媒体策略的改进，把投资集中在周末前，投资回报率会得到提升（见图 3.1）。

图 3.1　通过融合人性和社交洞察力来改善市场营销

我们现在已经看到洞察力对于打造和发展品牌是多么重要。但究竟什么是洞察力，我们如何知道自己已经获取了洞察力？接下来将讨论这个问题，然后再探讨获取洞察力的技巧。

从发现到有所见解

我们把洞察力定义为发现一些有启发性的东西，从而采取行动。

➢　发现。挖掘洞察力需要时间和奉献精神，以超越"发现"，即对消费者行为或态度的见解，这些见解在实际上是真实的，但在本质上是理性的。洞察力揭示了人们更深层次的情感，而不仅仅是他们所做的和所说的事情。

➤ 启迪。洞察力激发了新的思维，当一个团队开始以不同的方式看待事物时，常常做出让人吃惊的举动。

➤ 行动。洞察力是变革的催化剂。虽然这并不是你该怎么做的全部答案，但它确实为你的品牌未来的定位和组合"打开了一扇门"。

深入挖掘洞察力，从发现到有所见解是至关重要的。挖掘洞察力的一个好方法叫作"幼儿测试"。任何有小孩的人都会经历孩子们那一连串似乎永无止境的"为什么"的问题。你可以运用这个技巧，用它来询问使用你的品牌的原因，直到你发现更深层次、更情绪化的问题和机会。

以帮宝适（Pampers）为例，该品牌希望超越其历史上专注于干燥保护的功能性定位，从而创造一个更大的品牌理念。通过询问"为什么干燥很重要"发现，"当婴儿拥有健康的皮肤而不是尿布疹时，他们会更快乐"。虽然这是重要的事实，但并不具有启发性或鼓舞性。真正的洞察力来自对消费者更深入、更感性的了解。这一突破不仅来自与消费者的对话，而且还来自与儿童行为研究人员的交谈。他们解释说，通过干燥和获得良好的睡眠，婴儿能够更好地玩耍，这也是他们成长的关键。儿童的成长，尤其是三岁前的成长非常重要。这就产生了一种见解："拥有健康皮肤的婴儿更快乐，他们能够更好地玩耍、学习和成长。"

这一见解反过来产生了"成为与父母一起庆祝和支持婴儿成长每一步的伙伴"的品牌宗旨，并将品牌理念总结为"灵感来自宝宝，创新来自帮宝适"。正如宝洁公司的前首席营销官（Chief Marketing Officer，CMO）吉姆·斯坦格尔（Jim Stengel）所解释的，"这一品牌理念成为所有宣传的支柱，涵盖了广告、直接邮件、抽样调查、向医院和婴儿护理专业人士的推广，以及数字营销"。[4] 所采取的行动包括根据婴儿的生命阶段调整产品范围、直接营销，以及招募对婴儿成长充满热情的人加入品牌。吉姆·斯坦格尔认为，帮宝适的振兴在全世界取得了杰出的成绩，全球销售额从 20 世纪 90 年代末的 34 亿美元增加到如今的 100 多亿美元。以下是关于品牌洞察力的简况，可以通过 FIRE(Fresh、Inspiring、Relevant、Enduring)演练来获得帮宝适这样深刻的洞察力。

> 新鲜（Fresh）——对品类和消费者的新看法
> 鼓舞人心（Inspiring）——引导你采取行动
> 相关（Relavant）——与你的消费者和你的品牌相关
> 持久（Enduring）——持续挖掘深层次的需求和情感

不同类型的洞察力

针对营销的不同内容，洞察力也会表现为不同形式：

(1)品牌洞察力。最基本的洞察形式构成了整个品牌定位的基础，就像我们看到的帮宝适。另一个例子是 Mucinex 品牌进入了竞争激烈的美国止咳和感冒药市场。该品牌的简单见解是，在消费者的心目中，上呼吸道问题都归结为一个问题——黏液。这并不是严格的医学定义，所以被其他制药公司回避了。Mucinex 坚持不懈地关注这一简单事实，这使其在短短几年内成为了市场的领导者。在被利洁时集团（Reckitt-Benckiser）收购后，该品牌现在准备向全球推广。

(2)创新的洞察力。巴黎欧莱雅（L'Oréal Paris）在搜索分析的基础上研发了一款新型染发膏——渐变色（Ombré）。巴黎欧莱雅发色领域的营销副总裁 Julie Chamberlain 解释说："我们开始在名人和时装秀上看到这种新的发色(也叫浸染)造型。""我们发现关于渐变色和浸染头发的搜索量大幅上升。"[5]巴黎欧莱雅团队还通过社会化倾听了解到，人们对现有的染发方案深感不满，这些染发方案主要是以沙龙为基础的，而且非常昂贵。这就导致了世界上第一个自定义渐变色（DIY Ombré）产品的诞生，这一产品配套了特殊的涂抹工具。该产品的推出拉动了销量的增长，并吸引了年轻消费者，其中 50% 的消费者是第一次接触染发剂。

（3）宣传的洞察力。爱彼迎的宣传活动主张"不是去过，而是生活过"，建立在真实的人性需求上，即我们不想只是待在我们游览的城市，我们想生活在那里。这个真实的人性需求与品牌的需求相吻合：住在爱彼迎旗下的房间，给了我们"像当地人一样生活"的自由和空间。不仅仅要宣传新的品牌理念，还要将其"融入"到品牌体验中。例如，爱彼迎鼓励旗下房东创建当地的旅行指南，介绍当地的活动以及在该地区可做的事情。全新的爱彼迎旅行服务允许房东提出一系列付费旅游和体验活动，这些活动可以是长达多日的活动或者如音乐会等一次性的活动。

（4）媒体的洞察力。澳大利亚游泳池品牌 Narellan Pools 和其代理商 Affinity 挖掘了各地区的历史温度和销售数据，以确定从潜在客户到产生购买行为的"临界点"。这不仅仅是一个炎热的日子那么简单。触发因素是连续两天气温高于月平均气温。只有在满足这些特定条件时，人们才可能会根据线上广告宣传购买产品。创意的执行建立在小组讨论的洞察力上，即当潜在买家拥有自己的游泳池时，其幻想着第一次"潜水"的时刻，这是数字洞察力和人性洞察力融合的另一个例子。销售额增加了 23%，而媒体支出却降低了 30%，从而获得了 54∶1 的投资回报率。[6]

（5）激励的洞察力。领先的秘鲁啤酒 Pilsen Callao 利用其对人性和文化的洞察，创造了一种有震撼力的激励性，为"真正友谊的味道"的品牌理念赋予了生命。在秘鲁，许多人不得不离开他们的家乡到另一座城市，甚至另一个国家去工作，从而打破了原先的友谊团体。这项名为"把你的朋友带回来"的活动允许啤酒饮用者使用特殊包装中的代码，无论是个人还是团体，通过手机收集"朋友里程"。然后，这些里程数可以被兑换，把"失踪"的朋友带回来参加一次特别的重聚。该活动使 Pilsen Callao 赢得了秘鲁的年度品牌奖，在"真正友谊的味道"这一关键指标上，品牌价值也有所提高。

那么，在对洞察力有了清晰的认识后，我们该如何去寻找它们呢？我们将通过我们所说的"360°的洞察力"，为品牌打开不同的窗口。

360°的洞察力

品牌的不同窗口

对项目最丰富的见解通常来自不同类型见解的"三角分析"结果，每一种见解都为你的品牌打开了一扇"窗"。这些洞察力来源包括展望文化是如何发展的，回顾品牌是什么让其出名的，揭示真实的人性和了解竞争，涵盖直接的和间接的竞争。这就是"360°的洞察力"，如图3.2所示。现在，我们将通过这四个关键的洞察力来源，讨论你可以在你的品牌上使用的原则和手段。

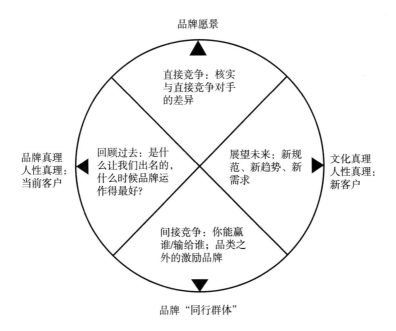

图3.2　360°的洞察力来源

文化真理

所有的品牌都存在于广泛的文化背景中。花点时间去了解这幅"更宏大的蓝图"是洞察力的重要来源，其中的技巧包括符号学解码、趋势预测、专家分析等。

符号学解码

符号学对通信和更广泛的文化代码进行解码，可以成为品牌定位的一个非常有效的洞察力来源。与其说是征求消费者的意见，不如说是对品牌所处的更广泛领域进行专家分析。例如，在南非莱利银行（Nedbank）的一个项目中，我们不仅探讨了银行业务及个人理财，而且还探讨了"通过创造来实现个人进步"这个更大的领域。符号学解码研究有关领域在流行文化（如电视节目、电影和音乐等）中是如何被展示的，并确定了三种主要代码类型。

➤ 剩余代码：正在被品牌使用，但感觉已经过时了。

➤ 主导型代码：被许多品牌使用，仍有意义，但缺乏特色。

➤ 新兴代码：较新的、不常用的表达方式。

添柏岚（Timberland）利用这种方法来探索户外活动在文化和社会中的作用。该品牌历来将自己描绘成一个坚固耐用、可以应对极端条件的户外品牌。然而，在该品牌于2011年被威富集团（VF Corp.）收购后，这一定位不得不被重新审视。添柏岚需要在包括乐斯菲斯（The North Face）、巴塔哥尼亚（Patagonia）和哥伦比亚（Columbia）等核心户外专业品牌在内的品牌组合中发挥独特作用。我们发现了一个文化真理，那就是生活在城市中的人也渴望户外运动。这一点从"自行车共享计划"和"从农场到餐桌"等城市服务的日益流行就可以看出。添柏岚的全球营销副总裁吉姆·戴夫（Jim

Dave）认为，一种焕然一新的品牌定位要以那些希望"以一种更随意、更日常的方式与户外活动联系在一起"的人为中心，"他们在意户外活动，但也在意风格和场所"。[7]在新的定位下重新推出了系列产品，这一系列产品更注重风格与性能，更侧重于在城市衣柜中流行的黑色配色，以及更关注冬季以外的各季节单品。在重新开业后，该品牌再次增长，2015 年的收入增长了 10%，达到近 20 亿美元。

趋势预测

如果趋势预测工作做得好，就会产生效果。它在人们的脑海中燃起了烟花。在与英国领先的保险品牌 More Th>n 合作时，一位趋势预测专家提供了影响核心目标的 10 种趋势。其中一种趋势显示了"老年人正在变成新的年轻人"。麦当娜、米克·贾格尔、电视节目主持人和许多其他媒体人物的行为和外表都看起来像 30 岁左右的人。研究团队意识到，随着整容手术和美容治疗的流行，当人们在花钱购买这些服务时会寻求安全感。因此，一个创新项目应运而生，为整容治疗开发可负担得起的保险：保单持有人的眼中只有美丽。

专家分析

与你所瞄准的领域的专业人士交谈往往是一种经常被忽视的洞察力和新观点的来源。Zantac（一种非处方的治疗胃痛的药）在发挥效用时，其治疗范围要比医生和药剂师所怀疑的范围更广。我们与压力方面的专家进行交谈，包括个人咨询师、精神病学家、营养学家，甚至还有一位私人教练。他们每个人都对产生压力的原因以及胃痛的原因发表了自己坦率的看法。对于关注医生最常说的胃痛原因的团队来说，结果非常具有启发性：辛辣食物和过度放纵。事实上，大多数竞争品牌把注意力集中在食物上，将其作为替罪羊。我们研究压力问题的专家指出了一些现代社会中独特的、基本的问题与压力更大的生活方式。Zantac 开辟了一个新的领域，即"抵抗胃痛的英雄"——那些面对生活挑战而出现胃痛，但没有让人失望的人。

人性真理

在了解了文化中正在发生的更大的变化之后，你就需要进行个性化的处理以确定你的品牌可以与之联系的人性真理。正如我们之前提到的，这意味着要深入挖掘，超越现有发现。嘉实多的全球品牌定位意味着要超越机油的功能需求，去考察人们对其旗下汽车和摩托车的感受。这为一种强大的人性真理打开了一扇门——"人们与他们的车辆有关系，而不是与发动机有关系"。这似乎是显而易见的，但在润滑油市场上，每个品牌都在试图越来越多地针对发动机。这种洞察力带来了一个全新的定位，即嘉实多出色的产品性能与人们对其车辆的真实感受相结合。其结果是该品牌推出了第一项全球电视宣传活动，其理念是："这不仅仅是石油，这是液体工程。"网站上的横幅很好地体现了这一点，即"因为对于你来说，它不仅仅是一辆车。这也就是为什么它对于我们来说不仅仅是石油"。

你对目标消费者的了解越生动、越集中，就越有可能发现人性的真理，从而激发出出色的品牌理念和品牌组合。考虑到这一点，在了解你探索人性真理的工具和技术之前，我们先要了解你是如何与目标消费者建立联系的。

绘制你的消费者画像

在确定你的核心消费者目标时，社会人口学的"重心"可以发挥有限的作用，例如，帮助指导媒体选择。然而，一幅更生动的消费者画像会使用多个维度，如图 3.3 所示，以汽车节目《巅峰拍档》（*Top Gear*）为例。

➤ 对生活的态度：在他们的生活中什么是重要的，他们的指导信仰和原则是什么？

➤ 激情点：他们喜欢把宝贵的时间和金钱花在什么地方？

➤ 类别需求：消费者在市场上寻找的是什么？

➤ 社会人口重心：如性别、年龄和社会阶层等标准。

图3.3 绘制你的消费者画像——以《巅峰拍档》为例

资料来源：笔者自述。

硬技术与软技术

为消费者绘制画像可以使用"硬技术"与"软技术"相结合的方法。定量研究，如目标群体指数（Target Group Index，TGI），很好地突出了不同目标之间的态度和生活方式的差异。然后，你可以通过定性的研究或观察来获得关于人们的故事。一旦你有了清晰的消费者画像，就有很多方法可以将其变为现实。一些团队喜欢写目标人物的迷你传记。有一家零售商在每家店的员工休息室的墙上都张贴上了其消费者的照片和他们想要的东西的描述。

少即是多

严格定义核心目标消费者有助于你深入了解他们的世界，了解他们真正的想法。把他们看作是你想要的真正的"品牌粉丝"，而不仅仅是使用产品或服务的人。一个严格定义的核心目标仍然可以让你的品牌吸引更广泛的消费目标，他们与核心目标消费者也许在某些场合里有着相同的价值观和需求。Beats by Dre 耳机品牌有一个核心目标群体，即具有时尚意识的年轻人。这群人与英格兰橄榄球运动员克里斯·罗伯肖（Chris Robshaw）等体育明星一样，也是多彩时尚的品牌传播中的描绘对象。这种明确的核心目标消费者使 Beats by Dre 能够创造出一个积极进取的品牌形象，吸引跨越不同人生阶段的更广泛群体。

团队往往很难界定核心目标消费者，特别是复杂的服务品牌。例如，南非一家大型银行的团队抗议说："我们不能只关注个人理财这一个目标群体，我们有一半的销售额来自大型企业客户。"还有一个常见的挑战是更新品牌以招募新的（通常是年轻的）消费者并保留现有的消费者。然而，如果品牌试图去取悦每一个人，最终可能会对所有人都没有吸引力。"品牌精神分裂症"也是一种风险，为每个目标创造不同的定位，导致营销工作的分散。解决这个问题的方法是专注于品牌可以利用的共同需求和态度的"最佳时期"。请参见图3.4列举的一家银行的例子。

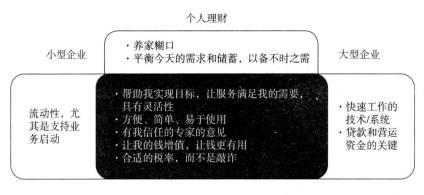

图3.4 共同需求和态度的最佳时期

要想理解消费者，不如直接成为消费者

为了寻找真正的洞察力，我们不仅仅要理解消费者。我们需要用行动去感受内心深处的洞察力，而不仅仅是去理解它。我们把这称为"消费者同理心"（见表3.1），它需要打破产品使用者（"消费者"）和产品销售者（"品牌方"）之间可能存在的人为分离。而消费者同理心不是时常可以做到的事情。这是一种看待世界的方式，是一种随时迎接新机遇的态度。

表 3.1　从消费者的探索到消费者同理心

角度	消费者的探索	消费者同理心
调查	"公开的"技巧，比如小组讨论和访谈	"秘密的"技巧，如人种学和观察
地点	在一个研究机构里，在一面单向镜子后面	沉浸在消费者的真实生活中
对消费者的态度	试着去理解消费者	成为消费者
重视	理性的：你脑子里想的东西	感性的：在你的内心深处感受它
时间框架	零星的，基于项目需求的	不断注入深刻的洞察力

消费者同理心也意味着喜欢和尊重你的消费者。一些营销和代理团队需要改变他们的态度和行为，他们曾经可能对消费者不屑一顾，甚至不尊重消费者。这就有了代理公司 Lucky Generals 的安迪·奈尔（Andy Nair）所说的"自以为是的偏见"，例如"这些人都是率性而为"或"他们只想在喝醉后躺下"。挑战在于"重塑"核心消费者的形象，关注他们行为背后的积极情绪。只有这样，你才能尊重他们并与他们建立联系。在安迪·奈尔的工作中，他这样做是为了看到"他们故事的另一面"：

➤　青少年持刀者→受惊吓的孩子要寻求保护。

➤　乡村酒驾者→酒馆里的灵魂人物在那一刻被冲昏了头脑。

➤　潜在的偷税漏税者→对给予大企业的特殊待遇而感到不满的个体经营者。

获得真正洞察力最好的办法是自己成为消费者，或者至少对这个类别有真正的热情和兴趣。Lost My Name 公司的阿西·沙拉比（Asi Sharabi）就采用了这种方法，他在创业三年后就出版了 2015 年畅销英国和美国的绘本《失去名字的小男孩/女孩》。[8]在阿西·沙拉比的小女儿得到了一本个性化的儿童书作为礼物后，他在 2012 年与三个朋友成立了这家公司。阿西·沙拉比评论道："这本书又廉价又花哨，一点儿也打动不了我。""我打电话与我的朋友说，我们肯定能做得更好。"他没有尝试去了解消费者，他直接成为了消费者。Lost My Name 公司激发了一种强大的洞察力。在这种情况下，这种洞察力是关于父母想要鼓励他们的孩子以一种个性化的方式学习。每本书都使用数字技术和数码印刷，都是基于孩子的名字而"高度个性化"的作品。故事中的男女主人公遇到了许多帮助他/她收集其名字字母的人物（见图 3.5）。据该公司估计，它已经创造了令人难以置信的 20 万种不同的书。这是一个利用数字技术来振兴实体产品的典型例子。

图 3.5　成为消费者——Lost My Name 公司出版的图书

　　建立消费者的同理心并不只是针对像阿西·沙拉比这样的企业家。它也可以在大公司发挥作用，但需要改变招聘人员的方式。例如，我们永远不会被耐克（Nike）公司录用，因为我们是星期六的体育观众，而不是公司所招聘的积极的参与者。在消费品业务中，你要更换品牌，可能很难始终与该类别和消费者保持某种程度的联系。然而，你可以尝试影响你得到的任务，也可以确保你在现场花更多时间与消费者相处。例如，所有新加入帮宝适品牌的人在第一周都必须花时间换尿布，而且是在真正的婴儿身上换尿布，而不仅仅在玩偶身上！玛氏（Mars）宠物食品公司鼓励员工带宠物上班，并在办公室为它们提供设施。

 5 分钟的训练

想象一下，你的市场研究预算已被削减为零。你如何利用消费者同理心，让自己沉浸在消费者的世界中，以获得你所需要的洞察力？

除了自己成为消费者，我们还发现有一些技巧在探索人性真理方面很有用。

让自己沉浸在消费者的世界里可能比一摞专项小组的调查报告更有用。走出办公室，进入现实世界。我们前面提到的 Lucky Generals 公司的安迪·奈尔在政府的反吸烟运动中举了一个很好的例子。[9] 以前的活动都集中在对吸烟者的身体健康损害上，而沉浸式的洞察力强调了对吸烟者家庭，尤其是对孩子的情感伤害。一个很好的例子是，一个孩子写下了关于这些担忧的纸条，并把它们放在其妈妈的烟盒里。这导致了一场新的运动，深刻地描述了孩子们对他们父母吸烟的恐惧。例如，一张海报写道："我不害怕蜘蛛，可我害怕我的妈妈死于吸烟。"

人种学使用一些与观察相同的技术，但这些技术更加复杂。专业研究人员在消费者的日常生活中就地观察他们，并经常将这种经历拍摄下来。观察期很长，可以持续几天甚至一个星期。这种技术可以创造非常丰富的洞察力，因为人们并不像专项小组那样试图记住他们所做的事情以及他们如何使用产品。我们在与卡夫（Kraft）的 B2B 团队合作时使用了这种技术，研究人们如何在咖啡馆消费。一种关键的洞察力涉及了咖啡饮用全程体验的重要性，并向团队展示了它们销售的咖啡豆只是其中的一个小环节。盛放咖啡的杯子、环境和卡布奇诺上的泡沫数量都至关重要。该团队意识到，他们必须做更多的事情来为顾客营造一种完整的体验氛围，而不仅仅是关注咖啡的质量。

极端消费者是指那些可能以与普通消费者不同的方式使用你的产品的人，但因此可以提供更丰富和更深入的见解，结果可能是令人惊讶、振奋人心的。在一个全球性治疗咽喉炎的品牌项目中，我们没有对那些每年都可能会得一次咽喉炎的普通用户进行研究，而是采访了那些把喉咙作为其生计的关键部分的人，如歌剧演唱家、音乐表演者、爵士音乐家、公众演说家和舞台话剧演员等。喉咙的每个细节和深度以及喉咙疼痛时对他们的影响是非常显著的。其中，一个人甚至为她的喉咙起了一个名字，在表演前还会给喉咙打气。他们认为咽喉感染的感觉像是"被外星人入侵"，而感觉变好的时候是"重生到这个世界上"。这些见解要比普通消费者丰富得多。

品牌真理

在探索了文化真理和人性真理之后，寻找洞察力的下一个环节就是探索可以利用这些信息的品牌真理。图 3.6 显示了许多潜在的品牌真理的来源。

记住是什么让你成名的

揭开品牌真理的一个关键渠道是回顾过去，记住是什么让你成名的，这似乎是显而易见的。然而，在许多项目中，追溯一个品牌 15～20 年的广告史这样简单的要求就会让许多品牌团队感到手足无措。通常，对方的回答是"我在这里工作了两年，可以回溯到两年前。在那之前，我不太确定！"而且，甚至当一部商业广告制作完成时，通过它似乎可以看到四五个

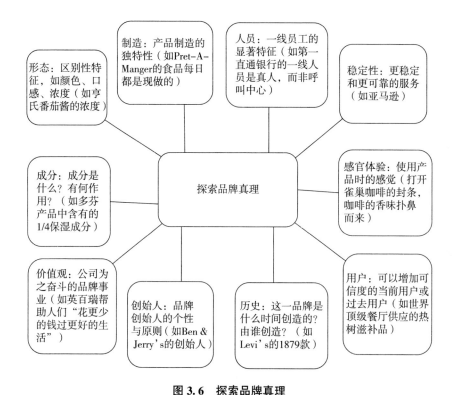

图 3.6 探索品牌真理

不同的品牌。广告活动一波三折，而且你往往可以把这些变化与新的市场营销总监的频繁上任联系起来。这种不一致会使消费者感到困惑，而不是信服。品牌的意义会被稀释，而且在创造、扩展和强化品牌属性以搭建人们对品牌的记忆框架方面也不尽如人意。

　　一旦你设法构建了你的品牌历史，试着对照这些销售和市场份额数据，分析"这个品牌什么时候最火，什么时候不火"。在它最成功的时候，品牌的定位是什么？当时使用的哪些独特的品牌属性已经被遗忘或忽视了？本书的合伙人乔恩·戈德斯通在危机时期成为食品公司 Premier Foods 的市场营销总监时，就采用了这种方法。Hovis 曾经是面包行业的领先品牌，但由于缺乏独特的营销，市场份额不断减少。带着"让 Hovis 再次强大起来"的简单任务，乔恩·戈德斯通和代理公司 MCBD 通过回顾该品牌出名的原因找到了灵感。他们重新推出了一部有 35 年历史的名为《骑自行车的男孩》的广告，广告讲述了 20 世纪 50 年代一个男孩骑自行车上山去买一块 Hovis 面包，这部广告至今仍然被消费者铭记并喜爱。记忆结构的关键元素来自原始广告，包括一个正在旅行的男孩、"永远像过去一样好"的结束语，以及标志性的"棕色小面包"，即未切片的全麦面包。这个男孩的旅程随着他所经历的 20 世纪的重要事件而更新（如第二次世界大战、英格兰在 1966 年赢得世界杯冠军、千禧年）。这种方法很有效，86%的人认为他们一定会记得这是有关 Hovis 的广告。重要的是，公司还进行了一项核心的革新计划，包括产品升级，使 Hovis 在盲品中从第三位回到第一选择，以及更有影响力的包装设计。产品市场占有率从 25%左右增长到 35%，销售额增长了 8%。[10]

消费者"粉丝"（或"黑粉"）

接近热爱品牌的消费者"粉丝俱乐部"是揭示品牌真理的一种好方法。其中一种技巧是在一段时间内咨询消费者，了解他们对品牌的想法和见解。一个令人印象深刻的例子是哈雷戴维森公司经营的哈雷车友会（Harley Owners Group，HOG）。这个俱乐部在全世界有 85 万名成员，是一种宝贵的见解来源。由于在竞争中受到日本摩托车的重创，该公司在濒临破产时，与那些在艰难时期仍坚持使用该品牌的车主进行了交谈。这些车主喜欢自由、权力和独立的品牌价值观。然而，他们对可靠性较差和低劣的客户服务感到恼火，被迫违背自己的意愿考虑日本品牌，尽管这给他们带来了痛苦。这些见解推动了基于改进质量和服务的业务的重新启动，有助于该品牌恢复增长，五年来对股东的总体回报率达到了 242%。

获取消费者的反馈也可以更简单。例如，只要你采取行动，消费者的反馈可以成为一种奇妙的免费见解。三明治连锁店 Pret-A-Manger 就采用了这种方法，我们在汤杯的侧面发现了首席执行官关于产品的说明（见图 3.7）。

图 3.7　Pret –A –Manger 旗下具有首席执行官关于产品说明的汤杯

不久前，一位消费者打电话给我，说我们的汤很好喝，但并不特别。我觉得机会来了。我找到并聘请(全职聘用)了英国首屈一指的汤大师，我们改变了食谱、高汤、原料和烹饪方法。我们招聘并培训了新的汤厨师。谢谢那位打电话的女士(对不起，我把您的电话号码遗失了)。如果您正在读这篇文章，我希望您能认同我们的改变。

朱利安·梅特卡夫(Julian Metcalfe)

以下几个层面的表现都非常出色：

(1)这是一个利用杯子和餐巾纸作为媒体渠道来产生免费广告的典型例子。

(2)与其嘴上说"我们关心客户"，不如用行动兑现这一承诺。

(3)这也表明了高级管理者对质量的真正承诺，包括聘请英国首屈一指的汤大师。

(4)这一说明来自首席执行官，彰显了高级管理者对质量和客户服务的承诺。

(5)这种非正式的、个人化的语气使 Pret –A –Manger 的个性得以体现。

品牌剥夺

另一种高效的技巧是"品牌剥夺"。即在你与品牌固定买家交谈前强迫他们在一段时间内不购买和不使用某品牌。我们在最近的项目中对一家领先的南非零售商使用了这种方法，效果非常好。固定买家实际上很反感这种做法，他们违反了协议，因为他们真的离不开该品牌，这就体现了他们对该品牌有多依恋。我们了解到，该品牌不仅仅是食品和服装的供应商，它还是一种奢侈的生活方式的"伴侣"。

高级利益相关者

从公司的高级管理人员那里获得的见解有助于揭示品牌真理，特别是当你与在企业中拥有丰富工作经验的管理人员交谈时。向高级利益相关者询问"团队应该从哪些方面发展，哪些方面不应该发展"，可以很好地引导他们对品牌有正确的看法。这也有助于确保品牌策略方面的工作与高级管理层的期望保持一致。

研发"寻宝"活动

了解品牌内部见解的另一种重要形式是与技术团队交流。虽然听起来很浅显，但这种做法经常会抛出一些甚至营销团队都不知道的想法。例如，千层雪糕（Viennetta）品牌的冰激凌甜点产品是在一条有问题的振动生产线上生产出波浪形的、薄层的脆皮巧克力后发明的。

竞　争

结合文化真理、人性真理和品牌真理，可以为构建品牌理念和营销组合提供重要见解。了解竞争环境是为你提供信息的最后一个来源。

我们到底身处什么市场？

正确的市场定义是了解竞争环境的一个关键步骤。肤浅的做法是使用制造商的术语，如"洗发水""谷物早餐"或"计算机软件"。一种更有效的方法是利用消费者需求来定义你的市场。这种做法有两大优势：

➤ 通过观察直接竞争和间接竞争来发现威胁。一个值得探讨的问题是"当我们失败时谁会赢？"多年来，可口可乐公司一直专注于扩大其在可乐市场的份额。然而，可口可乐实际上是在更大的且令人愉快和振奋的饮料市场上竞争，在过去 10 年里，它受到了非可乐饮料的冲击。在荷兰，Dubbel Frisss 品牌的清爽水果饮料改变了软饮料市场，创造了一个占市场巨大份额的新品类，抢走了可口可乐的市场份额。

➤ 抓住机会，从利益的角度来定义你的市场，可以突出发展的途径。例如，国际花商协会（Interflora）乍一看是在抢占鲜花配送市场。然而，从利益角度考虑，我们发现它实际上抢占的是"贴心的礼物"的市场（见图 3.8）。鲜花仍然是其产品的核心，但该协会还提供配套产品，如香槟、巧克力和盛放你所购买的鲜花的花瓶。这些产品除了作为额外收入的宝贵来源，还体现了核心产品主张。

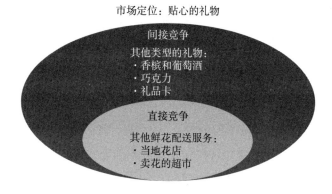

图 3.8　Interflora 的市场定位

竞争激烈的"品牌景观"

我们通常花费大量的时间和金钱来衡量竞争对手在市场份额和销售方

面的表现。从竞争对手做了什么和消费者选择它们的原因中可以获得更有用的见解。也许你可以很自豪地窃取他们的想法，或者甚至改进他们刚刚开发的东西。换句话说，不要只是衡量竞争对手，要从竞争中学习。你应该把目光从本土市场转向其他地域；在外国货架的某个角落，可能有一个你不知道的新进入者。看看在其他市场上的成功案例，然后比原创者更好、更快地推出它，这是确保增长的一个绝妙方法。梦龙（Magnum）冰淇淋团队看到新西兰的雀巢公司推出了一款名为密西西比软泥派（Mississippi Mud Pie）的冰淇淋，中间有两层巧克力和巧克力翻糖。梦龙公司马上创造了双层梦龙雪糕（Magnum Double），即用两层巧克力夹着焦糖翻糖。然后该公司以比雀巢公司更快的速度在全球推广，取得了巨大的成功。

品牌同行群体

直接竞争往往会受到限制，同一类别的品牌往往以类似的方式做着类似的事情。从别的品牌身上学习会有更多的启发，我们称为"品牌同行群体"。这些品牌可能是那些与你争夺消费者"心动份额"的品牌，比如 Axe 身体喷雾剂会关注像红牛（Red Bull）和耐克等年轻男性目标客户使用的品牌。另外，它们也可能是那些拥有你试图开发的能力的品牌。通用汽车公司（General Motors）在如何"像对待皇室成员一样对待客户"的问题上借鉴了华特·迪士尼（Walt Disney）的灵感。共有 2 万名员工和经销商参加了在迪士尼学院举办的行政人员培训课程。这帮助了该公司的别克（Buick）、雪佛兰（Chevrolet）和 GMC 等品牌极大地改善了其汽车展厅的服务，从而使它们在客户满意度方面位居美国汽车制造商的前五名。[11]

杰克·丹尼威士忌（Jack Daniel）的"三角形真理"

将不同的真理来源结合在一起，并进行"三角化测量"，从而创造出具有启发性和目的性的品牌定位，我们将在下一章中详细探讨。图 3.9 是关于杰克·丹尼威士忌的品牌案例。这些见解最初是在 20 世纪五六十年代形成的。但是，就像所有伟大的见解一样，这些见解具有长久的生命力，至今仍有意义。在 21 世纪初，该品牌的全球销售量实现强劲增长，从 600 多万箱增长到 1000 万箱。该品牌的"明信片"宣传活动是世界上持续时间最长的活动之一，已经持续了 50 多年(见图 3.10)。

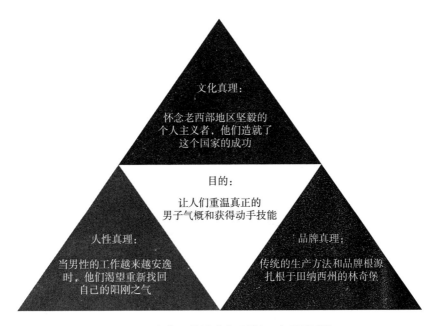

图 3.9 杰克·丹尼威士忌的"三角形真理"

在数百个广告中，每一个广告都是一个"长篇"故事，讲述了杰克·丹尼威士忌的制造、品牌的根源和创始人的事迹。近来出现了这样的说法，"我们拥有了迅速酿制威士忌的方法(我们只是不屑于使用它们)"。这些广告的一致性还体现在对黑白照片的使用上，有些可以追溯到 20 世纪初。该品牌所依据的三种真理如下：

➤ **文化真理**：最初是"对老西部地区持枪的坚毅的个人主义者的怀念，在美国的神话中，他们造就了国家的成功"。[12] 西方电影在这一定位确

图 3.10 杰克·丹尼威士忌 50 多年前的宣传活动

立之时大受欢迎正是这一文化趋势的体现，这种文化趋势一直延续到了今天，如奥斯卡获奖影片《荒野猎人》（*The Revenant*）。

➤ 人性真理：在工作环境越来越安逸的时代，男性渴望重新找回他们的"阳刚之气"。特别是在工作越来越多地以办公桌和电脑为基础的当下，这一点尤为重要。

➤ 品牌真理：杰克·丹尼威士忌的传统生产方式和品牌根源在田纳西州的林奇堡。最初于 20 世纪 50 年代中期制订的"一页纸营销计划"在今天仍然适用，它将杰克·丹尼尔编纂为"由真人在隐秘之地酿造"[13]。

📝 **主要收获**

1. 对消费者、品牌和市场的真正洞察力仍然是数字时代品牌定位的关键。

2. 不仅仅是理解消费者，通过沉浸在消费者的世界中，从而与消费者产生共鸣。

3. 利用 360°的洞察力来揭示人性、品牌、文化和竞争的真理。

反省清单三：寻找真正的洞察力

·你已经超越了对消费者的理解，建立了消费者同理心？

　□是　□否

·你拥有了核心消费者的彩色三维画像，以及了解了他们的人性真理？

　□是　□否

·你是否了解品牌所处的文化背景？

　□是　□否

·你通过回顾品牌成名原因和展望未来发展趋势揭示了品牌真理？

　□是　□否

 **接力棒**

在了解如何形成坚固的洞察力基础后，我们将继续探索如何使用这块"跳板"来创建目标明确的品牌定位。

第四章
训练四：有目标的定位

    品牌愿景和定位对于数字时代的市场营销来说仍然至关重要，它可以激励独特的客户体验和引导营销组合的发展。清楚地了解品牌在生活和文化中的作用对于吸引越来越多的消费者来说越来越重要。然而，太多的定位工作仍然采用保守的做法，即填补过于复杂的模板框架。发展品牌定位应该是一次团队合作之旅，在深入洞察的基础上，使用定位工具进行内容抓取与编纂，从而为品牌创造未来愿景。

品牌定位是创造品牌导向型增长的核心。它比以往任何时候都有意义，在我们的研究中，超过 90% 的市场营销总监表示，在当今的数字时代，品牌定位是成功营销的关键。然而，正如我们在本书中所提到的，大多数受访的市场营销总监认为，"随着对数字营销、社会营销的关注，品牌战略被忽略了"。许多品牌花费了大量的时间、精力在数字渠道的选择和执行上，以至于忽略了它们的品牌定位，这种做法造成了严重的后果。如果缺乏令人信服的、条理清晰的品牌策略，就很难激励和指导跨渠道的有效营销，包括社交渠道和数字渠道。这反过来又增加了品牌价值随着时间的推移被削弱的风险，因为品牌体验和信息传递变得碎片化。

有必要重新集中时间、人才和精力来创建清晰而有说服力的定位。无论你的社交媒体多么吸引人，最终的成功取决于创造和传递一个优秀的、令人信服的品牌理念。在我们对市场营销总监的采访中，一位受访者正确地指出："优秀的定位应该超越我们使用的手段。"图 4.1 显示了清晰且有说服力的品牌定位所带来的具体而持久的好处。

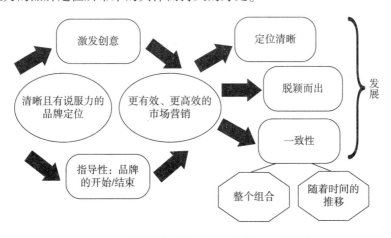

图 4.1　定位如何推广品牌以及推动业务增长

➤ 激发创意：刺激新想法的产生。美国运通公司（American Express）的品牌理念是"挖掘潜力"，将信用卡定位为"让生活更充实的促进者"。这启发了"美国运通邀请"计划，该计划允许持卡人享受来自音乐、电影、戏剧和时尚界的预售票、独特体验、幕后访问和独家采访。

➤ 指导性：作为一个指南来回顾所有的品牌活动，并检查它们是否帮助品牌实现了预期目标，就像汽车上的 GPS 系统一样（见图 4.2）。

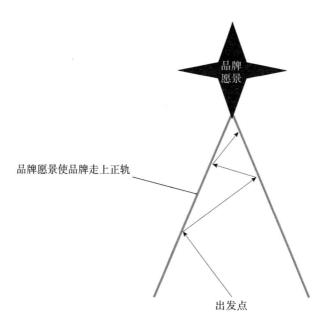

品牌愿景

品牌愿景使品牌走上正轨

出发点

图 4.2　品牌 GPS

➤ 一致性：推动整个组合趋于一致，如保时捷（Porsche），从强大的跑车本身，到时尚、精简的新闻广告，再到高科技的展厅，整体搭配一致。同时也推动了时间上的一致性，如在绝对伏特加（Absolut）品牌长达 20 年的新闻宣传活动中，该品牌为传递清澈、纯净和具有创造性的品牌理念，推出了 1500 多种酒瓶设计。

➤ 定位清晰：确保你的每项品牌活动都有明确的利益和观点。

➤ 脱颖而出：帮助你的品牌在日益拥挤的世界中脱颖而出。

从"填框"到"创意"

许多品牌定位计划从未发挥其全部潜力，因为它们在做保守的"填框"练习。在复杂的定位工具中，它们花费数小时、数天甚至数月来填写和微调无数的模板框架，这就是前文中提到的"打磨金字塔"现象。当团队试图编写定位计划时，这个问题就会进一步恶化，团队意见趋于妥协，且这种妥协相对缓和，并不尖锐。造成的结果是品牌的定位计划中塞进了太多不同的想法，内容多而杂，使品牌愿景平淡无奇。

怎样才能利用品牌定位的潜力激励和引导品牌发展呢？

愿景之旅

品牌愿景应该是一次"团队之旅"，以回答一系列关于品牌未来的简单但重要的问题。在最后，任何定位工具都可以用来"抓取和编纂"你所创造的定位内容。在这一过程中，要以内容为主，格式是次要的。不要相信任何试图推销其最新工具的咨询公司。它们可能看起来不同，但实际上根本问题是相同的。重要的是，公司的每个人都使用相同的工具、定义和格式来促进有效的合作。

设定"截止日期"可以创造动力，迫使团队做出决定。一个典型的"品牌健身房项目"需要用 12 周来完成。超过这个时间，就有可能出现"打磨金字塔"现象，或者团队并未集中精力完成任务，而是以一种零星的方式推进。

以目标为出发点

正如我们之前在"以盈利为先"这一训练中所看到的，任何定位项目都

应该从使用"品牌导向型增长简况"来设计需要解决的业务问题开始；品牌策略只是发展路上的第一步，而不是终点。这一点在如今比以往任何时候都重要，因为现在的营销团队倾向于追随社交媒体的潮流和时尚。

将品牌带入生活

我们有必要确保定位产出以一种更简单、可视化的方式出现在生活中，这对于年轻的市场营销和代理人员来说尤其重要，他们习惯于用有效、简短的书面语言进行宣传。我们将在第五章中重新审视这一挑战。

关于目标的定位

我们对市场营销总监的调研得出的一个关键结论是，品牌需要树立明确的目标意识，以及明确其在生活和文化中所扮演的角色，而不仅仅是了解产品类别。这对于吸引越来越多希望详细了解品牌信仰和行动的消费者来说越来越重要。

我们接下来将探讨品牌的目的，然后再来看看如何用产品的"情感吸引力"和"卖点"来支持这一点。需要注意的是，本书将按照特定的顺序来审查定位的组成部分，但不必拘泥于这一顺序。

目标的力量

最强势、最具有影响力的品牌总是超越简单的功能。这些品牌不仅关注自身为客户提供什么产品，还关注客户真正购买它们的原因。这些品牌有明确的目标意识，我们将其定义为品牌在改善客户日常生活中所发挥的积极而独特的作用（见图4.3）。

自《品牌健身房》（第二版）出版以来，品牌目标的重要性不断提升。

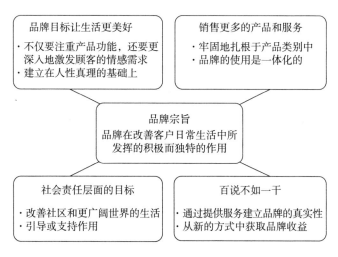

图 4.3　实现品牌目标

"我们经常提及的品牌目标要与品牌如何真正地使消费者生活得更好相一致"，这是我们研究中的一个典型评论。这在一定程度上反映了相关消费者越来越渴望、越来越有能力了解他们所购买的品牌背后的公司。正如吉姆·斯坦格尔（Jim Stengel）利用明略行（Millward Brown Optimor）涵盖的 5 万多个品牌的全球数据库所做的 10 年研究所表示的那样，具有明确目标的品牌会产生卓越的回报。该研究表明，以改善人们所期待的生活的"理想状态"为中心的品牌，其增长速度是其竞争对手的三倍。[1] 根据爱德曼（Edelman）的全球研究，许多品牌在拥有明确的目标方面还有很长的路要走：58% 的消费者表示明确的目标对品牌很重要，但只有 21% 的人认为品牌在这方面表现良好，二者比例相差 37%。[2]

你可以先定义你的品牌目标，或为其提供选择，然后再考虑对品牌真理、个性和价值观的影响，问问自己："我们需要实现什么目标？"或者，你可以先构建品牌定位的不同元素，就像打基础一样，然后在这个基础上逐渐形成品牌目标。你可以采用任意一种方法，本书提供了一些提示和技巧来帮助你实现你的品牌目标。

品牌目标让生活更美好

品牌目标应该立足于人性真理，基于对品牌在改善生活方面所能发挥的作用的深刻理解，无论其所发挥的作用是多么微小。在上一章中提到了杰克·丹尼威士忌如何发现了人性真理，即男性渴望重温真正的男子气概和获得动手技能。这一见解要比纯功能性的味觉需求更深入，挖掘出了更深层次的情感需求。当品牌目标能够触及社会如何发展的文化真理时，它就显得尤为强大。对于杰克·丹尼威士忌来说，这是其在一个日益安逸的现代世界中对"狂野西部"价值观的怀念。

销售更多的产品和服务

品牌目标超越了单纯的以盈利为目的的目标。吉姆·柯林斯（Jim Collins）和杰里·波勒斯（Jerry I. Porras）在《基业长青》（*Built to Last*）一书中提道："盈利是品牌生存的必要条件，但对于有远见的公司来说，盈利本身并不是目的。"[3] 然而，我们不应该忘记，企业的最终目的是卖出更多的东西（Sell More Stuff，SMS）。关键是要扎根于产品类别和产品服务。例如，卫宝（Lifebuoy）香皂的宗旨是"通过创造易于使用的卫生产品和提倡健康的卫生习惯来改变世界"。

该品牌的"养成洗手习惯计划"在实现这一目标方面发挥了重要作用。其目标是改变亚洲、非洲和拉丁美洲 10 亿消费者的卫生习惯，通过正确使用卫宝香皂来杀灭细菌和预防腹泻。这对社会来说是件好事，对联合利华的盈利也有好处，因为这 10 亿人中有很多人成为了卫宝香皂的消费者。

社会责任层面的目标

品牌目标和社会责任的概念有时被混为一谈，在我们看来这是错误的。有目标的品牌确实倾向于改善社区和更广阔世界的生活方式，但这一作用的重要性可能有所不同。

主导作用

对于品牌公司来说，社会责任往往发挥着更重要的作用。品牌不仅要与消费者建立联系，还要与员工和利益相关者（如非政府组织和政府）建立联系。社会层面的目标引领着联合利华的企业愿景，即"发展我们的业务，同时减少我们对环境的影响，提升我们对社会的积极影响力"。联合利华可持续生活计划（Unilever Sustainable Living Plan，USLP）推动其旗下所有品牌为达成这一目标而采取相应行动。这样做是为了改善生活，也是为了提高收益回报。联合利华在2015年业绩会议上的报告提道："我们的可持续生活品牌的增长速度比我们的其他业务快30%，是2015年总增长的近50%。"[4]

支持作用

社会目标也可以发挥支持作用。但需要注意的是，不要过于迷恋社会目标而失去了作为简单的日常产品或服务的意义。Axe品牌重新定义并强化了其品牌宗旨"彰显男士个性，诱发不可抗拒的男性魅力"，并在新的品牌宣传活动"找到你自己的魅力"中得到了体现。这样做的目的是确保该品牌对今天的年轻男性来说仍然具有新潮性和煽动性，摆脱了该品牌在20世纪90年代杂志上登出的身边围绕着很多穿衣风格大胆的女性的男性形象。这一目标基于这样一个产品真理：好的香水能让人看起来感觉良好，闻起来令人愉悦。一个社会性项目发挥了支持作用，该品牌成为"反对悲惨生活运动"（Campaign Against Living Miserably，CALM）的官方合作伙伴，这一慈善机构致力于降低英国的自杀率。

人性层面的目标

无论你的品牌扮演什么样的社会角色，保持人性化、个性化是一个好主意。世界广告主联合会（World Federation of Advertisers）的常务董事史蒂芬·洛克（Stephan Loerke）说道："营销人员把目标看得更长远，但普通人

却把目标看作日常生活中要做的事情。目标不一定是关于拯救地球，它不一定是必须具有价值的，它可以是小而有意义的行动。"[5]

品牌社会责任

无论社会责任在品牌中有多重要，最好的方式是将其融入品牌体验中，而不是把它作为事后的想法强加于人。我们称为"品牌社会责任"（Brand Social Responsibility，BSR），与之相反的是"企业社会责任"，后者通常侧重于捐赠或筹集资金。例如，南非零售商沃尔沃斯（Woolworths）推出了免费的"我的校园卡"，作为其"美好的商业之旅"的一部分，顾客将每次购物所得的一部分捐赠其选择的学校。

百说不如一干

要做到真实可信，行动肯定比语言更有说服力。多乐士（Dulux）就是一个典型例子，它的品牌宗旨是"用色彩来激励和帮助人们创造美丽的家园与社区"，可以将其品牌理念总结为"让我们的生活增添光彩"[6]。其市场营销总监珍妮·霍尔（Jenny Hall）总结说："涂料品牌正在成为一个服务型行业。"[7]"完美的色彩承诺"意味着，如果你第一次没有选对颜色，你可以免费再选一次。这款名为"多乐士视觉器"的应用程序让你只需轻点智能手机屏幕，就能看到墙上真实的多乐士油漆颜色。该品牌还致力于通过创造更好的生活环境为全球人民的生活带来积极的变化，曾捐赠超过75万升的油漆。

长期的承诺

与所有的市场营销一样，品牌目标需要长期的承诺来搭建人们对品牌的记忆框架，使你的品牌和业务有所不同。多乐士宣传要"让我们的生活增添光彩"；多芬从2004年开始就一直在宣传"真正的美"；而尊尼获加（Johnnie Walker）20多年来一直呼吁人们要"永远向前"。

卖点在哪里？

界定一个鼓舞人心的品牌目标是一件好事。但你需要日复一日地实现这一目标。这就是为什么大多数优秀的品牌都建立在优秀的产品上，人们相信这些品牌可以提供与品牌理念描述一致的、出色的性能。我们用"卖点"一词来描述产品或服务的功能属性及产生的收益，与品牌情感方面的吸引力形成对比。

将品牌目标建立在这些品牌真理上，可以避免品牌目标与产品或服务的现实情况脱节。要提防一种"阶梯式"的技巧，即从产品属性到功能利益，再到情感利益，层层递进。这种风险在于，因过度关注这个阶梯的顶端而忽略了整个品牌赖以建立的产品或服务。而这可能会破坏你的品牌，并使其受到竞争对手的攻击，就像软饮料品牌 Tango 一样。该品牌凭借其围绕着"攻略全部水果"的强大的产品故事在英国市场处于领先地位。然而，该品牌随后开始制作越来越怪异的商业广告，专注于情感诉求。这为可口可乐公司重新推出其芬达（Fanta）品牌提供了机会，其明确的产品信息是"如果所有橙色的饮料都这么好喝就好了"。再加上这家美国巨头公司的强大分销能力，芬达抢占了 Tango 的领先地位，而 Tango 则进入了长期衰退期。

我们在上一章"寻找真正的洞察力"中探讨了如何探索品牌真理。对于一个简单的产品品牌来说，品牌真理可能是一个或两个简单的属性，例如，灰雁伏特加（Grey Goose Vodka）秉承着"酿造世界上优质的伏特加"和"只用两种原料酿造"的品牌宗旨。对于服务品牌而言，可能会用更多的属性和细节来定义品牌体验的关键元素，例如，图 4.4 中提及的英国领先连锁咖啡店——咖世家咖啡（Costa Coffee）。

宗旨

现磨咖啡，手工制作，用餐环境温馨，让您有
宾至如归的感觉

品牌真理

我们的咖啡师

·热爱咖啡，工作充满激情
·工作细心，亲切感十足

我们的咖啡

·采用缓慢烘焙工艺，
独特的摩卡和意式咖
啡混合风味
·新鲜研磨，手工制作

我们的经验

·用餐环境温馨，让您有
宾至如归的体验感
·临街的地理位置，随时
随地使用的自助售卖机
（Costa Express）

图 4.4　咖世家咖啡的品牌真理和宗旨（作者个人观点）

　　为了创造一个鲜明的品牌定位，我们建议选择并强调最有影响力的品牌真理(或事实)和相关的好处，并尽可能有说服力地表达出来，"事不过三"是一条有效的限制性规则。研究数据有助于突出品牌市场中最重要的属性以及品牌在这些方面的表现。本书提出了以下几点建议：

　　·要有创造性：你还需要有创造性的判断力，选择与你所确定的文化真理和人性真理相协调的品牌真理，以实现你的品牌目标。目标定位的部分内容要基于事实，但也需要融合其他元素，甚至是"炼金术"。

　　·要具体：目标定位时要避免使用如"质量""服务""便利"之类空洞的词汇，需要更加具体。例如，零售商约翰·路易斯(John Lewis)品牌承诺"绝不故意低价销售"，而不只是说"物有所值"。

　　它可以帮助你把关键的好处和品牌的真理总结成一句话的"建议"。如果"目标"抓住了品牌要素中的"为什么购买"(Why)，那么"建议"就是"购买什么品牌"(What)。以 Ben & Jerry's 品牌为例，我们可能会明确：

　　➤　目标(为什么购买？)：制作世界上最好的冰淇淋，使世界变得更美好。

➤ 建议(购买什么品牌?)：梦幻般的、美味的冰淇淋，让我表达我在意的是什么。

销售中的情感诉求

炙热的情感在创造一个独特的品牌并使其有别于单纯的产品或服务方面起着关键作用。它影响着你的品牌给人的内在感觉("内在导向")，以及它对别人的描述("外在导向")。当炙热的情感从产品的卖点中流露出来并得到加强时，它的效果最好(见图4.5)。这一点反映在我们对品牌的定义中，它指的是情感诉求，但强调的是一种可信赖的体验：与一种已知的、值得信赖的经历联系在一起的名称和符号，吸引着人们的灵魂和大脑。

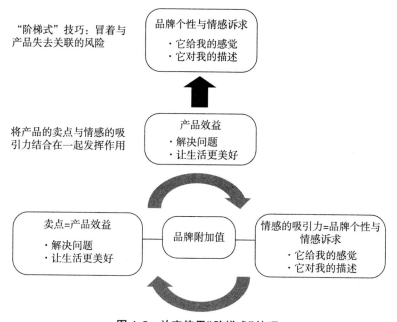

图 4.5 放弃使用"阶梯式"技巧

本书建议避免以牺牲产品或服务为代价而只关注情感诉求，因为这可能会陷入本书前文提到的"赞助娱乐"的陷阱：在娱乐性的广告中，品牌的唯一作用是在广告末尾打上标志。

个性：你的理想代言人

为你的品牌添加情感的第一种方法是定义一种独特的"品牌个性"来指导你的基调和风格。这种方法有助于你想象一个真实的人，并描述他的三个主要特征，而不是整个团队中无人能够记得住的一长串的形容词。例如，把帮宝适看作"一位富有洞察力的、有爱心的专家"。在某些情况下，品牌的个性被赋予了生命。可以采用以重要人物命名的形式，如贝蒂·克罗克(Betty Crocker)，或采用以创始人姓名命名的方式，如 Ben & Jerry's。我们发现以下三种技巧有助于打造独特的品牌个性：

原型

原型借鉴了故事、书籍和电影中的神话人物，可以为定义品牌的个性增添质感和色彩。例如，"英雄"的原型代表着"刚毅、勇气、信念和坚定"，你可能会把这种个性与耐克联系起来。相比之下，"造物主"的原型代表着"创意、灵感和想象力"，这是苹果和乐高等品牌的个性特征。直接在线保险公司(Direct Line)品牌通过哈维·凯特尔(Harvey Keitel)在《低俗小说》(Pulp Fiction)中扮演的角色温斯顿·沃尔夫(Winston Wolf)确定了"修车人"的原型，为新的宣传活动找到了突破性的灵感，该活动以坚实而独特的功能诉求为铺垫，讲述了动人的情感故事，哈维·凯特尔也受邀参与了此次宣传活动。例如，该公司在汽车保险方面做出了新承诺："您的车将在七日内修好，逾期我们将每日支付您 10 英镑，直到您的车修好为止。"值得注意的是，在这一索赔承诺下，该公司的业务能力有了显著的提升，在 7 天内修复的汽车从 35% 增加到 70%。该活动大大提升了品牌特色和品牌偏好，增加了汽车和家庭保险的报价量，每投入 1 英镑预计能获得 1.22 英镑的净利润。[8]

糟糕的代言人与理想中的代言人

让你的团队想象一下谁会是你品牌最糟糕的代言人及其原因，这是一项很好的训练。再想象一下谁会成为理想中的代言人及原因。我们发现这比简单地罗列个性属性更有效，因为它使个性变得生动。在某些情况下，这个代言人可以让品牌焕发生机。高级调酒品牌 Fever-Tree 就是如此，它在广告中使用了世界著名的斗牛犬餐厅（El Bulli）主厨 Ferran Adrià 的话，"我的金汤力要用的调料源自 Fever-Tree"。

"品牌是什么样的"与"品牌不是什么样的"

在进行品牌定位时，使用视觉图像以及视频是很重要的。这种做法有助于将品牌个性和基调变得生动起来，这是语言无法做到的。而且，一些团队成员也可以更多地从视觉角度而不只是书面角度思考问题。我们发现一项有用的训练是让团队从品牌的营销组合（网站、广告、社交媒体）与图片库中剪切和粘贴图片，创建两个页面："品牌是什么样的"（或"品牌未来应该是什么样的"）以及"品牌不是什么样的"。这确实有助于通过"解读"关键词或短语的意思来准确定位。这为品牌的发展提供了"护栏"，使其发展始终保持在正轨上。

价值观：你将为什么而战？

虽然品牌个性引领着营销风格的基调，但是品牌价值观却在更深的层次上发挥着作用：它是品牌的指导原则和信念。品牌价值观对于服务型品牌尤其重要，因为在服务型品牌中，人们会反馈其对品牌的体验感。品牌价值观可能会变成马克·里特森教授（Mark Ritson）所说的"人们对品牌惯常的质疑，其实在于其宣扬的是大量平淡无奇的普通品牌价值观"。试着在你的品牌价值观中增加一些色彩和特色。例如，线上零售商 Zappos 的品牌价值观是"用服务来感动客户"与"创造乐趣和一点不可思议"。[9]

少即是多

在整个定位过程中，少即是多。我们建议严格将品牌的价值观限制在三个或四个关键价值观上。要做到这一点，你的品牌价值观中使用的单词、短语要与品牌个性中的单词和短语不同，避免重复。例如，Under Armour 有四个品牌价值观：创新、灵感、诚信、可靠。

使用宣言

创建一个"品牌宣言"有助于识别和实现你的品牌价值观。这是以一种更有用的、更生动的、更明确的方式来解释你的品牌信仰、原则和行为。图4.6是关于一个离经叛道的啤酒品牌——酿酒狗（Brewdog）的案例。这一品牌风格独特、生动有趣、独具匠心，比一套平淡无奇的品牌价值观更有启发性。为了让你有机会提出像酿酒狗那样鼓舞人心的品牌宣言，本书提出了以下建议：

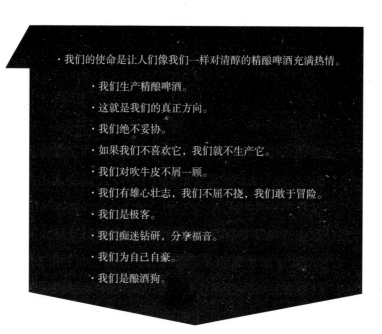

· 我们的使命是让人们像我们一样对清醇的精酿啤酒充满热情。

· 我们生产精酿啤酒。

· 这就是我们的真正方向。

· 我们绝不妥协。

· 如果我们不喜欢它，我们就不生产它。

· 我们对吹牛皮不屑一顾。

· 我们有雄心壮志，我们不屈不挠，我们敢于冒险。

· 我们是极客。

· 我们痴迷钻研，分享福音。

· 我们为自己自豪。

· 我们是酿酒狗。

图4.6　酿酒狗品牌的宣言（实现"充满雄心壮志""热爱啤酒""叛逆创新"的品牌价值观）

（1）释放自己。不要拘泥于写一个段落或短语，至少在一开始不要这样，以解放你的创造力和活力。

（2）全身心投入。遵循星巴克（Starbucks）首席执行官霍华德·舒尔茨（Howard Schultz）所写的书中的建议。以你自己的方式，把你想要的更深层次的感觉联系起来，做一些使日常生活变得更美好的事情。

（3）抛开那些废话和流行语。避免使用营销语言，而是要找到一种更适合自己的基调和风格。

你准备好践行这些价值观了吗?

品牌价值观应该定义企业内部的行为。因此，在选择品牌价值观之前，问问自己：你是否希望企业每天都践行？你是否会以它为标准来招聘新人，并衡量企业中每个人的表现？如果这些问题的答案是否定的，那么它就不应该成为品牌的价值观。

平衡产品的卖点和情感的吸引力

在你的品牌愿景中，产品卖点的相对重要程度主要取决于你所发展的品牌类型及其运营类别。广义上讲，从产品品牌到生活化品牌，在情感上具有吸引力的品牌包括以下三种类型：

➤ 产品品牌通常很便宜，而且往往是在最重视产品使用性能的市场中，比如阿斯达/沃尔玛或瑞安航空公司（Ryanair）。情感吸引力的主要作用是强化这一价值主张。例如，瑞安航空公司总裁迈克尔·奥利里（Michael O'Leary）备受争议的公关噱头，如建议乘客必须付费才能使用飞机上的厕所，强化了该航空公司廉价且经济实惠的声誉。

➤ 强势品牌是处于中间位置的领先品牌，它是产品卖点和情感吸引力的有力结合，帮宝适、多芬、苹果（Apple）和Sonos就是典型的强势品牌。虽然情感上的吸引力很重要，但我们必须铭记，我们不是在打造生活化品牌。如前文所述，情感上的吸引力有助于推销产品背后的故事。

➤   生活化品牌，如古驰（Gucci）、哈雷戴维森（Harley-Davidson）、李维斯（Levi's）、绝对伏特加等。在这里，品牌是关于你的价值观的愿景宣言，或者至少是你想表达的价值观，所以情感上的吸引力是占主导地位的。在这种情况下，产品背后的故事有助于强化品牌愿景中的情感价值观。因此，耐克鞋中的"空气气垫技术"（Air Technology）让你觉得你买到了一双顶级的跑鞋，即使你只打算穿它去酒吧。很高兴知道你的绝对伏特加是在瑞典蒸馏的，该配方沿用了一个多世纪。

宏大的品牌理念优于品牌精髓

"品牌理念"是对迄今为止我们所看到的品牌定位的一个简明扼要、令人记忆深刻的总结。我们将其描述为你在销售会议上可能穿的"品牌 T 恤"（见图 4.7）。强大的品牌理念通常有"行动号召力"，对消费者和从事品牌工作的人来说都很有效，例如灰雁伏特加的理念"飞向远方"。品牌理念为定位的其他部分提供支持，如品牌目的、利益和真理。如果定位是一座你想要攀登的山峰，那么品牌理念就是山顶上的旗帜。

为什么品牌理念胜过品牌精髓？

经验表明，品牌理念比在许多定位方法中仍然使用的"品牌精髓"更有效。品牌精髓倾向于回顾一个品牌的来历，并将其提炼成两三个词。品牌精髓总结了过去使品牌出名的原因，而不是其未来成名的原因。这些短语往往是枯燥的，没有什么启发性。

例如，宝马可能会用"充满雄心壮志"来形容处于上升期的人们，而奔驰（Mercedes）则更多的是用"成功人士"来形容那些已经获得成功的人。创建品牌理念而非品牌精髓有以下几个优势（见表 4.1）：

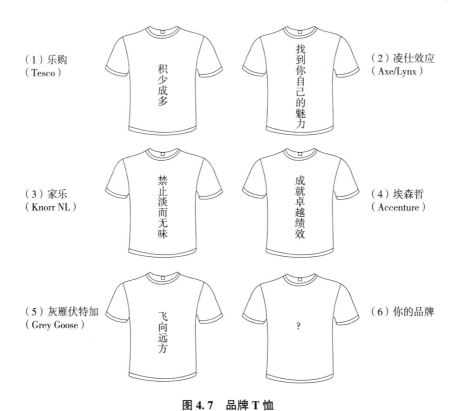

（1）乐购
（Tesco）

积少成多

找到你自己的魅力

（2）凌仕效应
（Axe/Lynx）

（3）家乐
（Knorr NL）

禁止淡而无味

成就卓越绩效

（4）埃森哲
（Accenture）

（5）灰雁伏特加
（Grey Goose）

飞向远方

?

（6）你的品牌

图 4.7　品牌 T 恤

➤　要具有前瞻性：你希望品牌未来如何发展，而不是去纠结它的来历。

➤　要具有行动号召力：是激励和指导团队的有效手段。

➤　要让品牌与众不同：要更加灵活地表达你的品牌理念，而不是必须选择用一两个词概括。

表 4.1　品牌理念与品牌精髓

品牌精髓	品牌理念
2~3 个词或 1 个词	4~7 个词的短句
回顾过去：是什么让我们成名？	展望未来：我们想以什么出名？
节奏更加和缓的陈述	振奋人心的行动号召

续表

品牌精髓	品牌理念
主要指导外部市场营销	指导内部和外部市场营销
例子： ·帮宝适：护理专家 ·耐克：绝妙的灵感 ·凌仕效应：男性的魅力	例子： ·帮宝适：庆祝婴儿成长 ·耐克：只管去做 ·凌仕效应：找到你自己的魅力

品牌理念从何而来？要求团队提供总结品牌理念的关键词和短语是一个不错的想法，但此刻你确实需要小团队进行精心设计。这既是一门科学，也是一门艺术。如果只是一个简短的品牌理念，你可以随意使用广告标语。这种做法可能不是令人满意的教科书式的营销，但它可能非常有效。如果广告标语和品牌理念的含义相同，解释品牌愿景的工作就会容易得多。

 5 分钟的训练

晒出你所采用的重要品牌的定位方法。其品牌定位的核心是否拥有一个宏大的品牌理念？如果没有，快速进行"头脑风暴"，写下你可以用在品牌 T 恤上的短句，看看其中是否有更好的想法。

品牌故事——Pot Noodle

在了解了品牌定位的关键要素后，你现在应该准备好将这些要素整合起来。你最终应该得到一个容易讲述的"战略性故事"，而不是像许多定位方法那样使用一系列毫无联系且过于复杂的框架。

以方便面品牌 Pot Noodle 为例，如图 4.8 所示。《品牌健身房》的项目合伙人乔恩·戈德斯通在担任联合利华英国市场营销副总裁时，成功地对该品牌进行了重新推广。我们采用了一种模式，但你可以选择任何你想要的模式，重要的是内容的选择。

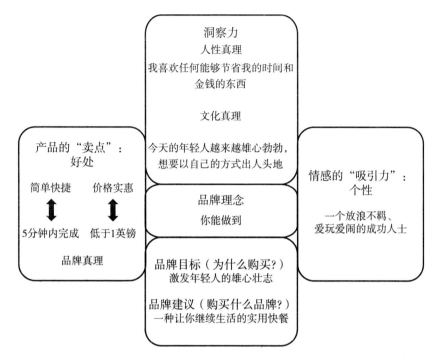

洞察力
人性真理
我喜欢任何能够节省我的时间和
金钱的东西

文化真理
今天的年轻人越来越雄心勃勃，
想要以自己的方式出人头地

产品的"卖点"：
好处
简单快捷　价格实惠
↕　　　↕
5分钟内完成　低于1英镑
品牌真理

品牌理念
你能做到

情感的"吸引力"：
个性
一个放浪不羁、
爱玩爱闹的成功人士

品牌目标（为什么购买？）
激发年轻人的雄心壮志

品牌建议（购买什么品牌？）
一种让你继续生活的实用快餐

图 4.8　Pot Noodle 的品牌定位方法（作者个人观点）——选择适合自己的方法

在 21 世纪初，该品牌曾是"懒人"的最爱。然而，该品牌的销量出现了下降，市场份额从 2013 年的 62.8% 下降到 2014 年的 58.4%。[10] 这一定位将不同形式的洞察力"催化剂"结合在一起，形成了我们在第三章中提到的"三角形真理"：人性真理、文化真理和品牌真理。

社会化倾听显示，该品牌还停留在过去：为那些懒得做饭的人提供快速解决方案。该品牌之前提出的宣传口号"为什么要努力"强化了这一形象，刻画了一个异装癖足球运动员的妻子过着慵懒悠闲的生活。当团队走出去，与校园里的学生交谈时，最初的反馈证实了该品牌负面的品牌形象。他们中的大多数人都否认自己使用过该品牌。然而，翻了翻这些学生的橱柜，发现他们事实上正在使用这一品牌，尽管他们是不情愿的。Pot

Noodle 触及了一条基本不变的人性真理：核心受众喜欢任何能节省他们时间和金钱的东西。这就是需要彻底反思的文化真理。20 世纪 90 年代向往超脱生活的学生以悠闲和没有野心为荣，而 2016 年受马克·扎克伯格（Mark Zuckerberg）启发的学生则恰恰相反。他们雄心勃勃，努力工作，他们的目标是建立自己的企业，认为也许在 30 岁之前就能赚到第一个 100 万元。他们喜欢 Pot Noodle 的原因是该品牌价格实惠、简单快捷，让他们有时间去做比吃饭更重要的事情。这一"三角形真理"产生了"你能做到"的品牌理念和"激发年轻人的雄心壮志"的品牌目标。这个定位在功能层面（只需 1 个水壶和 3 分钟就能完成）和情感层面（你可以做到，我们帮助你实现你的雄心壮志）都发挥了作用。该品牌的个性体现了其标志性的幽默和不羁。

由此产生的活动促进了销量和价值增长，其市场份额上升了 1.5%。这是通过提高目标市场的占有率实现的，与 12 个月前相比，购买 Pot Noodle 的顾客新增 36.4 万户。本书将在后面的训练"涡轮式营销"中详细介绍营销活动。

使用定位方法的一个注意点是要避免品牌定位冗杂，坚持少即是多的原则。例如，不要列出一长串品牌的好处、令人信服的理由和个性特征。这一定位应该是一种简单而又目标明确的战略性工具，而不是一个抛售所有品牌可能具有的关联和属性的地方。表 4.2 是对关键定位要素的总结，其中包含了每个要素的提示和诀窍。

表 4.2　定位的技巧和窍门

	激励作用与指导作用	技巧和窍门	反面案例	正面案例
市场定义	全面了解真正的竞争；品牌延伸的机会	我们如果输了，谁会赢？介绍产品的实惠之处而不仅仅是产品术语	录像带（百视达）	可出租的家庭娱乐设施（百视达）

续表

	激励作用与指导作用	技巧和窍门	反面案例	正面案例
核心目标	与核心消费者产生共鸣，了解他们的生活	了解消费者的态度、价值观、风格	25~45岁的事业型女士（家乐）	喜欢美食但时间紧迫的美食爱好者（家乐）
人性真理	打开机会之门，改善日常生活	描述一条人性真理，以及它如何为品牌打开一扇门；增加感情色彩	解决父母担心的尿布疹问题（帮宝适旧版）	拥有健康皮肤的婴儿更快乐，他们能够更好地玩耍、学习和成长（帮宝适新版）
品牌真理（限1~2条）	产品特性和属性的开发	要具体、实在；与产品的实惠之处相联系	优质成分（吉百利牛奶巧克力）	"每根巧克力棒的一半成分是牛奶"（吉百利牛奶巧克力）
实惠之处（限1~2个）	注重产品研发与品牌宣传	具体的购买理由，而不是让消费者相信的理由	维生素B5，不会使发质干枯毛躁（潘婷）	让发质健康有光泽（潘婷）
个性化特点（限2~3个）	指导与一线员工沟通的语气、品牌感觉和风格	使它们丰富多彩而不乏味	可靠、诚实、友好（可丽莹）	直言不讳、坚如磐石的好伙伴（可丽莹）
品牌理念	能够激励和动员团队的简短总结	捕捉情感而不仅仅是功能，这是对未来的号召，而不是对过去的总结	童年的快乐（迪士尼乐园）、色彩创造（多乐士）	体验魔法（迪士尼乐园），为人们的生活增添色彩（多乐士）
品牌目标	指导沟通、宣传和创新的关键思想	专注于品牌在人们的生活中发挥的积极作用和产生这一现象的原因	负担得起的短假期，为所有家庭提供最佳的活动组合（迪士尼乐园）；市场上最广泛、最全面的油漆品种（多乐士）	让每个人都能过上他们梦想的冒险生活（迪士尼乐园），通过色彩激励和帮助人们创造美丽的家园和社区（多乐士）

现在，在付诸行动之前，我们将继续看看如何探索不同的定位选项。

试驾定位

大多数致力于品牌定位的团队都希望得到某种消费者的反馈，以确认他们的的方向是正确的。鉴于定位对企业未来发展方向的重要性，在购买之前进行"试驾"是合理的。但探索愿景从根本上来说是困难的，因为你要求消费者想象品牌的未来状态，这种状态可能与他们如今的认知方式大不相同。对于企业内部的人来说也是如此，如面对高级利益相关者时，也需要向他们介绍品牌愿景。

一般来说，可以使用3~4个不同的定位方向来探索品牌愿景。应该将这些定位方向分开来看，通过这种方式，可以很好地了解品牌目前在提供不同利益方面的可信度。以一个希望重新定位的朗姆酒品牌为例，其不同的定位方向如表4.3所示。现在我们来了解探索定位的一些技巧。

表4.3　朗姆酒品牌的定位方向

方向	品牌真理	关键优势	口感与调性
朗姆酒的真实一面	不仅是游客喜爱的品牌，也是岛上居民最喜爱的品牌	真实性，了解情况	粗糙和真实
入口丝滑	与其他朗姆酒相比，纯朗姆酒在饮用时很顺滑	品味享受，悠闲自在	温暖而舒适
追求冒险的刺激	帆船运动的长期赞助商	让人兴奋、超脱现实	适合有志于航海的人
追求原创性	世界上最古老的朗姆酒品牌	极具品鉴性，可尽情享受	深褐色的色调，仿佛穿越到古老的世界

少思考，多行动

与其把品牌定位和执行当作线性过程中的连续步骤，不如把它们整合起来(见图4.9)，这样两个元素都会随着项目的进展而发展。例如，一家移动电话公司录制了一位客服人员三种不同的接听电话方式，以探索诚实、简单和同理心的不同定位角度。这种方法的好处是：

图4.9　实现品牌愿景的不同方法

（1）为消费者带来活力。他们会发现更容易理解你所说的内容，因为他们看到的东西是具体的。

（2）为你带来活力。通过"试驾"定位，你可以看到它有多有效。

（3）加快发展进程。在设想过程的最后，你不仅拥有了一项策略，而且还拥有一个市场营销组合的原型。

物质激励的投资

用物质激励的投资来探索你的定位是物有所值的。令人惊讶的是，有些团队在对消费者的研究上花了5万美元、10万美元或更多的钱，但却吝啬于物质激励。俗话说"无用的输入必然会导致无用的输出"，这句话在这里是绝对正确的。建议最好削减一些研究小组，将资金投在物质激励上。对于一套顶级的刺激方案（不包括翻译和其他国家的副本），我们通常将成本控制在1万~2万英镑。

➤ 定位概念板：使用一些用来创造气氛和基调的图片，加上一个简短的词语来捕捉品牌理念。在匈牙利的 Milli 奶制品品牌中，每条路线都从不同的角度来表达对家庭的爱和关怀：第一条路线是关于传统的"责任关怀"；第二条路线是更现代的"爱的关怀"；第三条路线是更专注于天然成分的产品故事。

诀窍是确保每个版块讲述一个单一的故事，所有的图像都能配合起来。颜色和图形的使用有助于强化你想要传达的信息。任何文字都应该限制在1~2行，并尽可能保持简单。最后，你需要一个专业的版块，能够将消费者的注意力集中在内容上，而不是对图片选择的相关评论上。

➤ 软文广告：类似于概念板，但更复杂一些。主要的区别在于，要像完成宣传工作一样尝试和执行它。这迫使你对你所展示的内容有更多的约束，并更接近于你最终将在混合战略中执行的内容。

➤ 原型组合：每个概念都可以通过上面讨论的创意工作来进一步实现，如设计、产品、公关/活动等。

提出正确的问题

这听起来很疯狂，但在许多项目的研究中都提出了错误的问题，如"你喜欢这个想法吗？"要探讨的关键问题是它在激励性、独创性和真实性方面的效果如何。你也可以在项目结束并与团队一起确定定位时提出这些问题：

➤ 激励性：它是否与消费者的需求相关？它解决了什么问题，或者它是如何让日常生活变得更好的？

➤ 独创性：目前有其他品牌拥有这一特点吗？避免询问是否有其他品牌会在未来拥有它。消费者的工作不是去猜测你的竞争对手的未来营销策略。

➤ 真实性：你的品牌定位的可信度如何？不要问"该品牌能做到吗？"因为消费者不知道你为改变品牌认知所制订的所有营销计划。相反，你要感觉到定位与他们对品牌的看法相比有多大的差距。为了实现这一点，在研究开始时获得品牌当前感知的反馈是很重要的。

探索有其局限性

在探索了品牌愿景后，你能确定它是正确的吗？大概也没有办法百分之百确定，但你的愿景应该建立在坚实的洞察力基础上。应该要揭示相关的消费者需求，挖掘出品牌表现良好的属性，从而建立优势领域。在竞争激烈的环境下，应该检查品牌是否与众不同。最后，在洞察阶段，还应该确认公司在竞争中创造优势的重要能力。

行动的时间

在对内部和消费者进行了定位探索之后，是时候敲定策略并付诸行动了。将这一愿景转化为发展品牌和业务的行动，是整个旅程的重要阶段。项目团队以外的人，尤其是高级管理层，需要看到你将采取哪些不同的方式来推动底线的增长，而不仅仅只看到了你的策略。

"打磨金字塔"的危险

要警惕本书前面讨论的"打磨金字塔"的危险。需要进行一些必要的加工，但经过一两轮的加工后，你应该试着限制人们发表评论或打破原有评论，这些评论会使定位难以执行或无法执行。另一个有助于将注意力集中

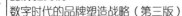

在内容上而不是准确的措辞上的方法是问："这一变化是否有助于销售更多的洗衣粉/意大利面酱或提供更多的活期账户？"

提供独特性，而不是差异性

新定位中争论最激烈的问题往往是差异化的问题。通常情况下，团队中至少有一个人抱怨说："任何品牌都可以有这样的定位，它是通用的。"尤其是在为知名品牌工作时。然而，正如我们在本书后面将会看到的，知名的品牌往往拥有市场的核心利益，以一种独特的方式执行这些利益。独特性可以通过以下方式产生，即你如何提供利益或用出色的执行力来提供一项明智的策略(见图4.10)。

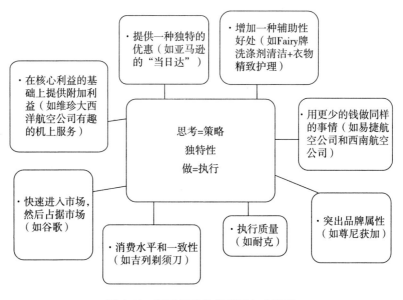

图4.10　通过思考和行动而与众不同

品牌转型计划

我们发现品牌转型计划是定位项目中的一个非常有用的工具。它通过展示品牌需要做出的关键改变来回答"那又怎样"的定位问题。图 4.11 展示了仿肉制品领域的品牌佼佼者——阔恩（Quorn）。该品牌将自身定位从针对素食者的肉类替代品变成为每个人提供蛋白质的主流健康食品。这种品牌转型要求一系列重大转变，过程中品牌的每个混合要素均发挥主导作用。例如，媒体投资从新年的爆发式增长转变为在更长时间段播放利用新年决心通过少吃肉来减肥的短时长广告。2013 年，该品牌广告在美国电视节目中播出了 44 周。人们在搜索"健康辣椒食谱"等限定词汇时，会看到同一道菜使用阔恩品牌产品制作的相关列表，从而每月为阔恩的品牌网站增加 6000 名新访客。2014 年，两枚奥运金牌得主莫·法拉（Mo Farah）为该品牌代言，称该品牌为人们追求更健康的生活方式的明智选择。此次代言为阔恩品牌带来了 336000 千克的销售增量，也带来了正向的投资回报率。[11]

	现在=开始	针对人群	如何=混合				
			产品	包装设计	媒体宣传	搜索率	支持度
主张	肉类替代品	富含蛋白质的健康饮食	√√		√√√	√√	
核心对象	素食者	适合所有人			√√√		
愿望	奇怪的食物给奇怪的人吃	健康的正常人					√√√
媒体	新年大爆发	持续低重量			√√√		
味觉吸引力	低	高	√√	√√	√		

图 4.11　阔恩的品牌转型计划

资料来源：笔者绘制。

12 个季度的路线图

12 个季度的路线图有助于显示关键的活动环节，这些环节在一段时间内将转型计划变为现实。你可以通过在墙上粘贴挂图来创建一幅巨大的路线图，然后用便签纸来记录重要事件。这样你就可以在墙上绘制一幅整个

团队都能看到的图谱，然后在需要时移动便利贴。你将会从这些为品牌所做的工作中获得一些想法，并可以借鉴这些想法来实现品牌目标。你还应该加入用户渗透率、销售和利润等目标，以显示品牌计划如何随着时间的推移实现阶段性的增长。图 4.12 为阔恩 12 个季度的品牌路线。

第一年	第二年	第三年
开始改变：将品牌定位为每个人需要的健康蛋白质	提升我们的品位	进一步改变：成为一种理想的健康饮食选择
建立品牌声誉 1. 全新的、整合过的品牌宣传活动 2. 媒体支出翻倍——从新年大爆发开始		
推出 12 周	推出 25 周	推出 44 周
提升品位吸引力： 新包装设计配方改进 冲击 1	增进味觉享受： 配方改进 冲击 2	
提高物理资源的可用性 在增加投资的支持下，提升零售的分销水平		
	在搜索中显示 为寻找健康蛋白质的人们提供食谱建议	
		认可支持：与体育明星合作，使品牌正常化
用户渗透率：25% 净销售额：4500 万英镑 毛利润：1500 万英镑（33%）	用户渗透率：30% 净销售额：5500 万英镑 毛利润：1900 万英镑（35%）	用户渗透率：35% 净销售额：6000 万英镑 毛利润：2200 万英镑（36%）

图 4.12　阔恩 12 个季度的品牌路线

资料来源：笔者绘制。

预先介绍

一种很好的做法是，将你的主要代理商分成几个小组，并为最重要的部分（如宣传和设计）做预先介绍。这种方法意味着你在离开研讨会的时候，不仅带着品牌愿景，而且还有人们可以立即使用的初步介绍。

在实践中学习

一个重要的注意点是，在执行阶段不要随意调整品牌定位。团队成员将会面对来自他们的同行和老板所提出的问题。你可能会发现，在你用品牌愿景向代理商介绍情况时，会有一些需要"熨平的褶皱"。处理这些问题的最有成效的方法是把它们收集起来，然后做修改。一旦做了最后的修改，你就要开始边做边学，至少在6~12个月尽量不要再做任何调整。

主要收获

1. 品牌定位是为了激励和指导你创造一个有竞争力的、连贯的品牌组合，在如今的数字时代仍然是至关重要的。

2. 大多数优秀的品牌都对自己在生活中扮演的角色有一种使命感，并通过优秀的产品卖点和情感吸引力来实现。

3. 避免定位成为理论上的"填鸭式"练习。带领你的团队踏上愿景之旅，并使用定位工具来编织你的愿景。

反省清单四：有目标的定位

· 你是否拥有一个可以明确让你的品牌在改善日常生活中发挥作用的目标？

　　☐是　☐否

· 你是否用心来创造一种能够体现你的品牌信仰和原则的品牌宣言？

　　☐是　☐否

· 品牌宗旨是否有产品卖点和包括独特个性在内的情感支撑？

　　☐是　☐否

·品牌理念具有前瞻性，并指导你在未来成名的方向？

□是 □否

 **接力棒**

我们已经看到了如何为你的品牌建立一个宏大的和有目标的定位，通过把它转化为现实，并为其绘制品牌路线图和做预先介绍来探索品牌愿景。现在，我们将继续了解如何通过"重整旗鼓"的训练来激励、吸引和协调企业内部的人员。

第五章
训练五：重整旗鼓

要将品牌愿景转化为业务增长，用鼓舞人心的方式动员组织中的人员至关重要。人们需要经历一次"承诺之旅"，从理性理解到情感投入，再到行为一致。在当今的数字时代，大多数信息会以视觉的和简短沟通的方式传播，这样意味着你需要以一种更简单、更有吸引力的方式实现品牌定位。但对于品牌领导人来说，他们需要在正确的组织结构和奖励的支持下，使品牌愿景变得更加鲜明。

人才的力量

调整架构和吸引员工是实现品牌导向型增长的一个关键部分。我们在咨询工作中亲眼目睹了这一点。著名品牌咨询公司英特品牌（Interbrand）关于"品牌自豪感"（Brand Pride）作用的研究也证明了这一点。[1]品牌自豪感的提高对其他重要因素有直接影响，如自己使用或推荐公司的产品和服务（见图 5.1）。树立品牌自豪感可以调动企业员工的积极性，使他们更积极地推广品牌，帮助企业实现增长。

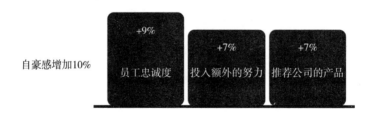

图 5.1　员工自豪感的力量

资料来源：Interbrand。

为了帮助企业充分利用人才的力量，并真正将战略融入公司的运作结构，需要大家沿着"承诺之旅"的三个阶段前进（见图 5.2）。

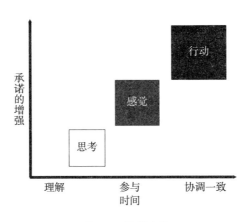

图 5.2　承诺之旅

承诺之旅

1. 思考＝理解

这种程度的承诺是基于对战略的理性理解。人们会点头表示"明白你的观点"，原则上同意沟通的内容。然而，思考只是将其变为现实的第一步：员工很大程度上能认同他们需要通过礼节来提高客户满意度，这种认同是一件好事，但是在周一早上面对愤怒的乘客或购物者时，如何做到这一点又是另一回事。

2. 感觉＝参与

当公司建立一项战略后，不仅告知员工这项战略，而且还让员工参与其中，就会产生更高层次的承诺。员工对战略有更多的情感联系，并有动力帮助实现它。让员工参与进来会带来实实在在的商业利益。合益集团

（Hay Group）对专业服务公司的研究表明，拥有"参与感"的办公室，员工的工作效率可提高43%。[2]

3. 行动＝协调一致

最终的承诺水平是行动与战略相一致。为了产生与愿景一致的积极变化，制度、流程和奖励要与战略保持一致。例如，作为客户关怀承诺的一部分，荷兰在线零售商炫兰（Coolblue）根据客户满意度来衡量和奖励呼叫中心的员工，而不是根据通常情况下他们接听电话的时间。这种方法在获得96%的客户满意度得分方面发挥了关键作用。

产品品牌与服务品牌

在创造真正的用户黏性时，你将面临的具体挑战取决于你是在打造产品品牌还是服务品牌（见图5.3）。

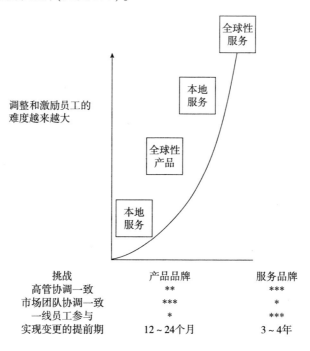

图5.3 不同品牌类型的一致性挑战

产品品牌

在产品品牌上协调和吸引人们的注意力往往比较容易，尤其当它是一个在单个国家运营的全民品牌时。需要调整的关键人物是品牌团队和代理团队，但他们应该积极参与到品牌战略的定义中。你还需要让其他职能部门，如销售和研发部门加入进来。最大的挑战可能是确保企业的高级管理层的支持。

当你为一个国际性或全球性品牌工作时，任务变得更加复杂。因为这样的品牌其员工人数会更多，而且他们分布在世界各地。你的品牌愿景团队中应该包括主要的区域代表，你需要帮助他们传播信息，让他们的团队加入进来，以改变区域组合。每个地区的高级管理人员也需要接受正在进行的变革。

宝洁公司、联合利华和埃森哲(Accenture)等领先企业已经认识到，实现这一目标的唯一途径是将核心品牌组合的中心控制权交给一个高级团队。然后，本地团队负责"激活"和适应这一核心组合。对于这些企业来说，创新推广速度的加快和产生的规模经济抵消了当地市场差异的不利影响。

服务品牌

考虑到更多的人需要与服务品牌保持一致并参与其中，因此实现服务品牌的愿景比产品品牌要困难得多。挑战始于高层，因为面向消费者的品牌往往与企业品牌相同。你不是在谈论一个品牌的愿景，而是一家公司的愿景。如果CEO不带头，愿景就没有成功实现的机会。所有与顾客打交道的一线人员都要踏上承诺之旅，这是一个像攀登珠穆朗玛峰一样具有挑战性的任务。最后，让事情变得更加困难的是，你为了实现愿景而要做出的改变可能需要3~4年，或更长的时间，如改变IT系统或商店设计。

当我们为一家领先的商业保险公司RSA设计品牌愿景时，我们近距离地看到了这些挑战。RSA是全球领先的商业保险公司，在全球拥有22000

名员工。在项目早期，该公司组织了一场叫作"世界咖啡"的研讨会，用来收集来自世界不同地区的 100 名高层管理人员的意见。我们安排了一些练习，让这些高层管理人员了解 RSA 品牌的不同之处和优势，并分享了品牌领导团队的初期想法。为了显示公司高层管理人员的严肃态度，公司的CEO 主持了这次研讨会。像这样由内而外地建立品牌愿景，有助于确保员工能够更好地实现它，并在这个过程的早期树立参与感。公司继续改变了用于衡量和奖励员工的行为，使其与"同客户一起前行"的品牌愿景保持一致。

我们现在已经看到了让人们与品牌保持一致和互动的重要性。这使"品牌参与"和"与品牌共生"项目出现爆发式增长。然而，由于受到我们称为"品牌洗脑"（Brandwashing）的问题影响，这些昂贵的项目并不能推动人们沿着承诺之旅的道路前进，反而会产生相反的效果。

品牌洗脑

记者艾伦·米切尔（Alan Mitchell）的一句话很生动地概括了除营销部门外，大多数人对品牌愿景的态度："无论一家公司的专业营销人员有多么热情，在工程师、会计师和生产线工人中间，'品牌'这个词仍然优先与不切实际的事物和谎言联系在一起。"[3]

用"形象包装"来做品牌推广

对这一做法产生怀疑的一个原因是，有些所谓的"品牌"在更换名称和标志这件事上，总是与昂贵和夸张的事物联系在一起。我们前文提到用形象包装做品牌推广的部分时，引用了雅虎过度更改标志的例子。

只说不做

有些品牌把巨额资金花在精心策划的大型活动上，这些活动通常是由专业的内部宣传公司策划的。然而，这些活动大部分时间都在用视频、言语和承诺去传导一些理念，但却缺乏实际行动。最大的问题在于，许多高级管理人员热情地要求每个人都与品牌愿景保持一致，而自己的行为却未能与其保持一致。市场营销总监关于"品牌健身房"这一话题的相关研究显示，这是品牌愿景项目失败的主要原因之一（见图5.4）。我们在为一家生产咸味饼干的公司做项目时，遇到了这样一个真实的例子。该品牌的增长战略是将食用切片面包的场合转变为食用饼干的场合，尤其是在午餐时间。我们坐了一个上午，听了关于战略的报告。这个多功能团队对这一策略很热情，在演示结束时，市场营销总监邀请所有人和他一起吃午饭，然而他带来了几盘三明治。与此形成鲜明对比的是，百事公司（Pepsico）的企业文化是其只选择供应百事可乐（Pepsi）而不是可口可乐的航空公司和酒店。

品牌愿景失败因素的重要性（满分为10分）

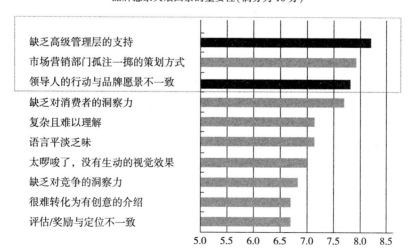

图5.4　缺乏领导能力是品牌愿景项目失败的主要原因

资料来源：市场营销总监关于"品牌健身房"话题的相关研究。

现在我们来看看如何"重整旗鼓"。我们将从基本原则开始：生产让人们感到自豪的产品，雇用合适的人才、善待人才，以身作则。只有这样，我们才能继续讨论内部宣传的作用（见图5.5）。

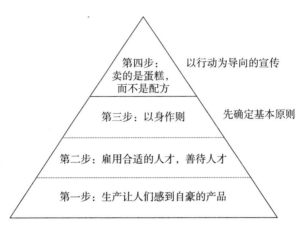

图5.5　如何实现改变

第一步：生产让人们感到自豪的产品

在之前讨论的Interbrand的相关研究中，研究人员分析了增强自豪感的相关因素。到目前为止，最重要的因素是"产品和服务被认为是最好的"。其他一些因素的影响力明显减弱了。例如，公平的薪酬制度排在第九位，其重要性只有优质产品/服务的一半。如果你想让你的员工参与进来，让他们感到自豪，那就在花哨的内部宣传上少投入一些精力和预算，在改进你的产品和服务上多投入一些精力，让产品和服务能更快、更好地服务大众。你可以在苹果公司、哈雷戴维森和维珍大西洋航空公司等企业看到这种做法的效果。人们喜欢它们生产的产品，愿意在工作之外使用它们，并告诉朋友和家人他们有多喜欢这些产品，这种传播就像企业拥有一个内部的"品牌粉丝俱乐部"。

正如安吉拉·阿伦茨（Angela Ahrendt）在《哈佛商业评论》专栏中所解释的那样，重建人们对博柏利核心产品——风衣的自豪感，是她成为首席执行官后的首要任务之一。"当我看到我的高层管理人员来参加品牌的第一次战略规划会议时，有一件事立刻引起了我的注意。他们从世界各地飞到这里，感受到了典型的灰暗潮湿的英国天气，但这60个人中没有一个人穿着博柏利风衣。如果我们的高层管理人员都不买我们的产品，我们怎么能指望顾客为我们的产品支付全价呢？"[4] 在接下来的六年里，该公司的收入几乎翻了两倍，从11.9亿美元增至30亿美元，这一切都归功于品牌重新关注到风衣的核心价值。该公司的核心产品在户外和电视广告中占有主要份额，随后推出了色彩更丰富的新面料版本，并推出了名为"风衣的艺术"（The Art of the Trench）的数字内容节目。

第二步：雇用合适的人才，善待人才
——Pret-A-Manger 三明治

如果你雇用了合适的人，并善待他们，那么让人们参与品牌就会容易得多。虽然这不是难以理解的事情，但许多商业街或网上商店提供的服务非常普通，表明仍有许多大公司没有很好地理解这一策略。

雇用合适的人才

那些做得好的公司往往非常重视受雇者具有正确价值观和态度，并将其置于具体技能之上。这意味着员工可以被公司信任，并且员工有主动性和发言权，而不是一味地执行品牌方拍板的命令。这是苹果零售店使用的方法，吉姆·斯登格（Jim Stengel）根据他对原零售主管罗恩·约翰逊（Ron

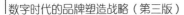

Johnson）的采访内容解释了这一点。"他（罗恩·约翰逊）坚持雇用员工的原则是：不是看他们的销售直觉或高超的职业技能，而是看他们的生活技能，比如他们与一位老奶奶和她14岁的书呆子孙子相处的能力。"[5] 吉姆·斯登格还列举了美方洁（Method）公司在雇用合适的人员方面投入大量时间的案例。该品牌的宗旨是"成为快乐、健康家庭革命的催化剂"，它们创造设计精美的清洁产品，在不使用有害化学物质的情况下提供出色的性能，该品牌的理念是"对抗污渍"。每个候选人都要经历7~8次面试，成功的候选人会被布置一项家庭作业，是关于美方洁所面临的现实问题，然后他们会向一群经理推销。当员工进入公司时，这种时间和精力的投入仍在继续。"一项全面的新员工计划是从一个被送到他们家里的欢迎包裹开始的，然后再开启一项为期60天的个性化计划。"

雇用合适人才不仅适用于服务品牌，而且也适用于产品品牌。这对你雇用的品牌团队和创意代理团队来说尤为重要。将个人激情与职业生活相结合的团队成员更有可能全身心地投入工作。耐克公司只雇用那些积极的体育爱好者。这一政策是耐克不做广告测试甚至不做定性测试的原因之一，因为品牌公司的员工就是品牌的消费者。与此形成对比的是，我们所看到的品牌类别与品牌公司的员工之间相脱节，比如品牌汽车公司的员工都是不开车的人，更不用说喜欢开车的人了，还有只喝葡萄酒的啤酒品牌经理。

善待人才

雇用合适的员工，对他们进行培训、奖励和适当的管理，这是Pret-A-Manger三明治连锁店成功的关键。Pret-A-Manger经过20年的成功发展，在全球有399家分店。2015年Pret-A-Manger的年收入增长了13.9%。[6] 一位曾在Pret-A-Manger工作的《金融时报》（*Financial Times*）记者观察到："员工是不同的。他们很健谈，性格很开朗。他们为什么能保持微笑？"他的发现总结在表5.1中。[7] 原因并非复杂的品牌参与计划，而是一系列的培训，即告诉员工如何提供优质服务并且使他们在日常工作中尽可能保持愉快心情。仅通过阅读商店橱窗里的 Pret-A-Manger 团队海报[8]，你就能体会到 Pret-A-Manger 是一家怎样的公司，与一般的招聘广告相比，它写得真实而有趣(见图 5.6)。

表 5.1　Pret-A-Manger 雇用员工的基本原则

1	**经理们不会大材小用，也不会心怀怨恨：** 75%的经理都是从内部提拔的，另外 25%的经理至少有两年相关工作经验； 加入并帮助他人，而不是"大声命令"
2	**员工不会"经常被羞辱"：** 发放整洁且合身的制服，参加聚会时不需要穿戴正装； 大多数商店没有厕所，所以不需要打扫厕所
3	**员工薪酬丰厚：** 团队成员：根据能力，平均为 5.68 英镑与 6.58 英镑 领队：根据能力，平均为 7.52 英镑与 8.39 英镑
4	**员工有权决定谁加入：** 让候选人在店里工作一天，然后团队投票决定是否雇用他们
5	**雇用受过教育的人：** 大量受过良好教育的国际学生

奖励制度

员工喜欢为有远大目标的公司工作。但是，如果绩效衡量和奖励方式与员工所拥护的品牌价值相悖，员工则会选择钱，而不是守护公司的品牌价值。例如，一家大型移动电话公司投入了很多资金，要求客服人员提供"让客户满意的服务"。然而，团队的绩效衡量和奖励标准是尽量减少平均通话时间，那么为了缩短通话时间，那些有耐心在自动应答服务的引导中等待并想与真人交谈的客户，通常就会流失。

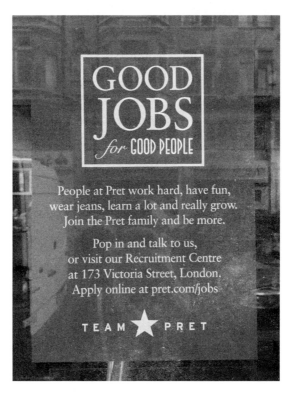

图 5.6　看起来是一家不错的公司——门店橱窗展示的 Pret-A-Manger 团队的海报

　　将衡量和奖励与正确的行为联系起来，比花几个小时或几天时间听关于品牌的演讲更能让团队团结，提高效率。正如杰克·韦尔奇（Jack Welch）的名言："如果你选对了人，给他们提供施展才华的机会，并提供薪酬，那么你几乎不需要管理他们。"

　　合理的奖励制度帮助英国零售商约翰·路易斯继续取得令人印象深刻的经营业绩，在充满挑战的经济环境中，截至 2016 年 9 月，该公司半年总收入增长了 4.5%。[9]该公司由在那里工作的 91500 名"合伙人"共同所有，从收银员到货架堆放员再到叉车司机，这些人都拥有公司的股份。他们的奖金占工资的比例都是一样的，而实际比例则基于公司业绩。2015 年，1.45 亿英镑的奖金是员工工资总额的 10%，相当于每个人可以拿到超过五周的额外工资。额外的福利还包括提供可以降低通勤成本的季票无息贷款、儿童托儿券计划、商店的大幅折扣，以及门票补贴活动；94%的合伙人认为，正是因为他们重视这一系列的福利，才使约翰·路易斯跻身于英国前10%的公司之列。这种方法有助于提高员工留存率，并且远高于行业平均水平；41%的永久合伙人的服务年限超过5年。[10]这反过来也对客户服务产生了积极影响，并降低了招聘和培训人员的成本。

另一种奖励制度是鼓励人们尝试用不同的方式来实现品牌愿景，并认可他们的成就。这包括向"精益初创企业"学习，这些企业能够快速尝试、学习、调整并重新应用。这种方法利用了人类动机的一个重要驱动因素，哈佛大学研究员特蕾莎·阿马比尔（Teresa Amabile）称之为"进步原则"，即在团队项目和任务中取得进展是人类表现的主要驱动因素之一。

给人们提供正确的工具

为人们提供简单、实用的工具来实现品牌愿景，更有可能取得成功。在品牌健身房项目中，我们提议建立一个"营销商店"，存放一些与品牌属性相关的营销材料或"品牌资产"。其中包括广告、激活概念、销售点的资料，以及越来越多的数字资产，如用于社交媒体的视觉效果。还可以包括"指导法则"，比如亨氏（Heinz）创造的"视觉推广的黄金法则"，其中有实例说明和一些便于用户理解的检查清单，可以供用户使用。

营销商店创造了规模经济和成本节约模式。但同样重要的是"创意经济"，它用于将时间、人才和金钱花在更精简、影响力更大、更好的创意上，然后将这些创意推广到尽可能多的地方。WD-40喷雾剂的欧洲品牌团队设立了一家营销商店，从而实施已经创建的全新的泛欧洲品牌愿景。这包括该品牌开发的首次区域宣传活动，称为"传奇公路旅行"。这场活动只创建了一组资产，为本地团队节省了时间和金钱（见图5.7）。

销售专柜   网站

图 5.7   WD-40 喷雾剂的欧洲"营销商店"——共享品牌"资产"

第三步：以身作则

在一家由品牌主导的企业中，没有必要为如何传达品牌愿景和价值观而烦恼。这些应该可以体现在品牌领导者的日常运营中。正如一句名言所说："人们可能会怀疑你说的话，但他们会相信你的所作所为。"在大多数成功品牌的背后，都有一个强有力的领导者，他通过自己的个人行动来激励和协调组织，将品牌愿景变为现实。我们用"品牌首席执行官"来形容这种类型的领导者。例如，当霍华德·舒尔茨在 2008 年重返星巴克担任首席执行官时，他在给公司合作伙伴的语音邮件中提到："我们将把整个组织的重点重新放在星巴克体验上，回归我们的传统，回归我们最初成功的原因。"霍华德·舒尔茨做到了言行一致。他做出了一个大胆的决定，将美国 7100 家门店关闭了三个半小时，重新培训每位员工如何制作完美的浓缩咖啡。这向企业发出了一个强烈的信号，即重新连接品牌的根基。它还创造了公关价值，所有主流新闻媒体都报道了这次关店举动。

我们通过投资由品牌首席执行官领导的公司来表明我们对品牌首席执

行官的信任。除了星巴克的霍华德·舒尔茨，我们的"品牌首席执行官组合"还包括乐购的戴夫·刘易斯（Dave Lewis），联合利华的保罗·波尔曼（Paul Polman），苹果公司的史蒂夫·乔布斯（Steve Jobs）、蒂姆·库克（Tim Cook）。在我们的投资期间，该品牌组合的价值增长371%，而基准是34%（道琼斯指数和富时100指数的平均值）。如果我们更勇敢一些，投入更多的钱，我们就会在自己的热带岛屿上写这本书了！

根据我们对100多名市场营销总监进行的研究，高绩效品牌领导者分享了三种关键品质，这些品质有助于他们创造并实现鼓舞人心的愿景（见图5.8）。

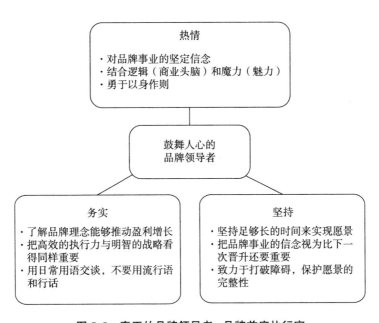

图5.8　真正的品牌领导者＝品牌首席执行官

热情

品牌领导者对他们所崇拜的品牌有真正的热情和信念。他们全身心地投入工作，而不是一进办公室就把自己的心和灵魂都抛在外面。例如，阿斯顿·马丁的首席执行官安迪·帕尔默（Andy Palmer）承诺，将亲自检查工厂生产的前 1000 辆 DB11 新车，并为每一辆车的出厂检验报告签字。他利用自己的工程专业知识检查每辆车，检查一辆车平均需要花费 30 分钟，检车和验收共花了 500 小时，大约为 50 个工作日！安迪·帕尔默把他的名字和新车型紧紧地联系在一起，因为每辆车上都有一个写着他名字的牌子。他不仅谈到了对终极品质的需求，还用自己的行动证明了这一点。他在阿斯顿·马丁的杂志上说道："我希望我的签名能给客户信心，并且让他们拥有我的个人电子邮件地址。"[11]

务实

真正的品牌领导者会非常认真地关注消费者行为的变化，这些变化能够真正有益于公司的发展。他们认识到创造卓越品牌的重要性，也认识到创造卓越商业模式的重要性。他们把高效的执行力和明智的战略看得同样重要。

坚持

真正的品牌领导者会坚持足够长的时间，不仅要创造一个品牌愿景，还要实现它，并在组织中推动它的发展。我们之前看到的热情和承诺意味着他们想要留在这个品牌公司，而不是跳槽。

在我们的研究中，超过 75% 的市场营销总监表示，品牌领导者至少要在位三年才能产生真正的影响。相比之下，市场营销总监的任期通常为两年至两年半。

 5 分钟的训练

以能够鼓舞人心的品牌领导者的三个标准（热情、务实、坚持）给自己打分，满分为 10 分。你的表现如何？如果你在某一特征上的得分低于 8

分，你要怎样做才能提高能力水平？

在研究了产品、招聘、奖励制度和领导力的基本原理后，我们现在可以转向内部宣传和赋予品牌生命的问题。

第四步："卖的是蛋糕，而不是配方"

根据我们对重启品牌战略的研究，品牌定位需要以一种更简单、更鼓舞人心的方式来实现。在我们生活的世界里，宣传和媒体越来越视觉化，越来越"简短"，越来越容易被理解。然而，品牌愿景报告往往是一场令人头痛的演示盛宴，充满了复杂的"金字塔"问题、情感阶梯和流行语。正如我们所做研究中的一位市场营销总监所说："我们正在为标签时代构建长篇故事！"

品牌定位工具如金字塔工具（Pyramids）、洋葱工具（Onions）、桥梁工具（Bridges）可以帮助你和一个小团队记录并整理想法，但它们并不能激励更广泛的受众。用金字塔工具或洋葱工具来展示你的品牌理念，就像厨师来到餐桌前，向客人展示他们即将吃到的蛋糕的详细配方。然而，你所关心的只是这道菜的味道如何。同样的道理也适用于你的品牌愿景，即"你卖的是蛋糕，而不是配方"。这意味着以一种视觉的方式赋予品牌故事生命，尽可能地使用营销组合中的例子。诀窍在于"偷偷植入"品牌愿景，而不是将其强行灌输给人们。

把愿景变为现实

复杂的品牌金字塔工具的替代方案包括品牌杂志、品牌故事视频，甚至可以把品牌定位变成电影海报。英国碧域（Britvic）旗下的成人软饮料品牌普迪（Purdey's）以一种视觉化和鼓舞人心的方式将新的品牌愿景变为现实，包括新品牌大使伊德瑞斯·艾尔巴（Idris Elba）的加入。正如碧域的国际市场营销总监凯文·麦克奈尔（Kevin McNair）向我们解释的那样："一份老式的品牌定位文件是做不到的。我们要把视频、有影响力的视觉效果和个人简报强有力地结合起来。"

要注意，不要将品牌视频做成一个"老式的 MTV 视频"。这些视频通常是由一系列的图片组成，再配上一些摇滚乐曲当作背景音乐。虽然它们可以捕捉到一些关于基调和风格的想法，但仅此而已。更好的做法是讲述更多的品牌故事，用你想要的语气和风格来表达，但要有更多内容。例如，壳牌（Shell）零售公司制作了一部电视肥皂剧，展示了一家按照品牌愿景管理的商店和另一家停留在过去的商店之间的命运对比。

讲述品牌故事

把你的品牌定位讲成一个有情感吸引力的故事，有助于人们理解、参与和记住内容。这能让人直观地感受到品牌由内而外的基调，而不是依赖于一份理性的标准清单。好乐门（Hellmann）的全球品牌团队通过创建一本食品杂志，将该品牌的新愿景以讲述故事的形式呈现出来。该杂志的基调和风格与品牌愿景保持一致，并未用文字来解释新的品牌个性和行为，而是通过设计、基调和风格来展示（见图 5.9）。换句话说，"他们不是标榜自己很有趣，而是讲述了一个有趣的故事"。该杂志用日常语言讲述品牌故事，而不是依靠充满行话的复杂的定位工具。例如，将核心消费者简介替换为"凯瑟琳（Katherine）的一周生活"，该品牌用一个实在的人物故事刻画了一个典型的消费者形象。杂志里没有谈论这个品牌的"好处"和"相信这个品牌的理由"，而是询问"我们如何帮助凯瑟琳？"以及"她为什么要相信我们？"最重要的是，"到目前为止的故事"展示了最接近预期愿景的产品、包装和事件示例（见表 5.2）。

图 5.9　用品牌杂志来讲述一个品牌的故事

表 5.2　讲述一个品牌的故事

传统品牌书籍	好乐门的品牌杂志	视觉效果
目录	"今日菜单"	服务员和菜单板
基本优势	回到未来	餐厅柜台与天然食材
目标顾客	凯瑟琳的一周生活	含照片的日记
好处	我们如何帮助凯瑟琳	简单且直观的 3 项关键好处
相信的理由	她为什么要相信我们	带来效益的包装和产品的视觉效果
战略计划	待办事项	贴在冰箱门上的手写待办事项清单

尝试实行愿景

好乐门的品牌团队不会举办大型的全球"品牌参与活动"，因为这与其休闲、非正式的品牌理念不符。相反，该品牌在欧洲、北美和拉丁美洲的重点地区举办了一系列规模较小的活动，通过与人们谈论品牌杂志来介绍新的愿景。然后，区域团队通过回顾关于品牌组合的案例和使用贴纸来表示符合愿景(绿色)、不符合愿景(红色)和正常状态(橙色)，并以此来尝试实行新的品牌愿景。这是一种让人们在实际情况中通过利用品牌愿景来理解品牌的好方法。最近，我们在一家名为圣克里斯托弗(St Christopher's)的儿童慈善机构使用了同样的方法，我们的一位合作伙伴是该机构的受托人。同样，通过回顾现实生活中的例子来实行品牌愿景确实有助于提高品牌的清晰度和参与度。

在本节的最后，我们将探讨在新品牌愿景实施的第一年，即人们不确定它是否会成功的时候，品牌愿景如何迅速产生影响，以及如何为其建立动力。

营造势头

高级管理层通常急于看到他们在品牌愿景过程中的投资能够得到回报，并且他们希望看到切实可行的行动，如果五六个月后什么都没有发生，他们就会产生质疑。这当然有点不合理，因为实现一个愿景通常需要几年而不仅仅是几个月，虽然这看起来很久，但这确实是做生意要面对的现实。因此，在你将愿景转化为行动的过程中，营造一些成功的早期迹象，用来建立和保持动力是很重要的。

保持核心团队的活力

一个精心设计的品牌愿景项目会将团队带入"一段旅程"，并提高团队的一致性和参与度。但是，一旦团队回到他们的日常工作中，面对现实，如何保持团队的活力和他们对项目的高度投入呢？首先，让项目团队迅速利用品牌愿景来加速现有的工作流程。这样做有助于将实施的任务分散到品牌领导者之外的人，确保整个团队保持情感上的投入，并对结果负责。公司应该很快就会认识到，这不再是一个项目，而是一种新的工作方式。

在100天之后举办"推动者研讨会"，有助于保持势头，然后大约每年举办一次。在研讨会上，项目团队再次聚集，重新与品牌愿景联系起来，回顾品牌的积极进展，并强调需要克服的障碍。

提高参与的积极性

确保你的愿景在内部得以实现的一个好方法是让核心团队以外的人积极参与。当我们与皇家宠物食品有限公司（Royal Canin）合作，为该公司的猫粮业务制定新的品牌愿景时，一个关键的挑战就是让更广泛的组织沉浸在猫的世界中，因为该公司历来以狗为中心。我们设计了海报，强调猫的健康和幸福的见解，突出猫和狗之间简单但重要的区别。我们还进行了"猫咪测试"，以互动的方式分享对猫的见解。该团队还在公司内部成立了一个爱猫人士小组，涵盖了从会计到工厂员工所在的所有公司职能部门。现在要求这个内部小组提供各种非正式的意见。例如，在最近的一次创新研讨会上，四名小组成员作为意外访客，分享了现实生活中猫主人对相关概念的看法。

内部参与需要反映企业文化，在皇家宠物食品有限公司的案例中，企业文化是建立在科学研究和专业知识之上的，创始人是一位兽医，他试图通过营养食品的搭配来解决宠物健康问题。例如，品牌愿景的简要版指南使用了来自猫咪行为学家、营养学家和兽医的引文，图文并茂便于用户理解，也为关于猫咪健康的观点提供了有力的证据。

"乘风而上"

获得牵引力的一个好办法是，在愿景规划过程中尽快安插符合愿景的

项目。在可能的情况下，对工作进行微调，使其更加符合愿景。例如，认为本地人才是南非领先零售商——沃尔沃斯重新进行定位的一个关键部分。该公司已经签约成为南非时装周的主要合作伙伴，为了发掘和推广本地服装设计师，会在店内展示他们的产品。该团队把这个项目作为展示新的品牌定位的方式，尽管它是在定位工作之前启动的。

迅速行动并"滚雪球"

除了现有的项目，你还应该启动新的项目。关于之前提到的皇家宠物食品有限公司，该品牌的领导者在完成品牌愿景的两个月内制订了 10 个新的创新平台计划。该团队运用了在品牌愿景项目中学到的速度和可视化原则，通过概念板和 60 秒的宣传视频向管理层展示其想法。

随着实施阶段的进展，建立一个不断壮大的、成功的创意中心有助于展示成果。我们把这个过程称为"滚雪球"，从而记录下从基础开始逐步产生品牌创意的想法，而不是将其视为一种一次性的、自上而下的过程。

公共项目的执行

作为变革的象征，公共项目的执行似乎更有效。哪些项目可以在对销售影响最小的情况下取消？你的友好零售合作伙伴是否即将下架一些表现不佳的产品？通过将目标瞄准这些产品，你就把困境变成了机会。销售额无论如何都会下降，但你可以把它作为改变的象征，表明你对新愿景的重视。

使用这种方法的一个更有说服力的例子是，达能集团为实现积极、健康的品牌愿景而出售大量业务。正如前文提到的，这一做法向员工和投资者释放出了一个强烈的信号，即公司很重视新的品牌愿景。

保持销售稳定

当你进入"终结者模式"并开始终止非战略项目时，需要注意的是，不要让业务陷入衰退，你得保持销售稳定。人们会根据第一年的经营成果来评估品牌愿景，即使这是不合逻辑的。第二年当然是一个更好的有效性指标，届时新的品牌组合将开始生效。

📝 主要收获

1. 品牌领导力必须来自高层。如果没有品牌领导者强有力的指导和激励，内部宣传工作将会陷入困境。

2. 品牌行动比语言更有说服力。专注于改变品牌本身，关注评价和奖励机制；避免因内部宣传使形象包装掩盖潜在问题的风险。

3. 在当今数字时代，内部宣传应该是实用的、真实的和有吸引力的，这样品牌才有可能获得成功。

反省清单五：重整旗鼓

· 你在核心产品或服务上进行投资，以使人们对其所制造和销售的产品感到自豪？
　　☐是　☐否

· 你以简单、直观和鼓舞人心的方式实现了你的品牌定位，即做到了"卖的是蛋糕，而不是配方"？
　　☐是　☐否

· 你是根据态度和行为，而不仅仅是技能，雇用了合适的人并善待他们？
　　☐是　☐否

· 组织的高级管理人员是以身作则践行品牌价值，而不是只说不做？
　　☐是　☐否

·你是为了配合品牌愿景而调整了系统、程序、评价和奖励机制，而不是与之相悖？

☐是　☐否

 **接力棒**

我们现在已经看到了如何在对文化、人性、品牌和竞争的深入理解的基础上，为你的品牌创造一个目标定位，并以此来激励组织内部的人员。现在，我们将在第三篇探讨如何利用愿景来激励和指导营销，通过独特的产品、设计、宣传和激活方式来发展核心业务。

03

第三篇

发展核心业务

第六章
训练六：革新核心业务

　　许多公司过度依赖通过拓宽市场覆盖范围来实现品牌增长。然而，在这一过程中，它们将管理人才和金融投资从核心业务中分离出去。这样做削弱了品牌的核心竞争力，并暴露了许多不足。在竞争越发激烈的时代，品牌还要面对"数字颠覆者"的威胁。重新关注和创新你的核心业务，将会创造很多优势，降低复杂性并奠定品牌成功的基石。我们可以从数字品牌身上学到很多东西，因为它们可以迅速且不间断地升级核心产品，以保持自己在产业中的领先地位。

健康品牌的核心

大多数强势品牌的关键是拥有强大的核心产品或服务。通常，这是该品牌的初始产品。例如，谷歌的业务已经扩展到许多新领域，如电子邮件、应用程序和云端存储。然而，搜索业务仍然是谷歌获得业务收入和利润的核心驱动引擎。正如该公司在官网上所说："把一件事做到极致。我们专注于研究搜索。作为世界上最大的研究搜索问题的团体之一，我们知道自己的长处，以及如何做得更好。"其他核心产品的例子还包括博柏利的风衣和好乐门的蛋黄酱。

贝恩咨询公司（Bain & Company）的研究表明，发展核心业务的案例是具有说服力的。[1]该研究调查了大量的公司，并挖掘了一批"持续价值创造者"，这些公司在10年中实现了持续性的盈利增长。贝恩咨询公司发现，近80%的公司拥有一项处于领先地位的核心业务，因此该研究的作者得出了以下结论："强大的核心竞争力，配合专注的领导力——越强大、越专注，成果越好，而这往往是成功实现持续盈利增长的公司的宗旨。"·

加强核心竞争力的另一种手段是公司在收购业务中的财务表现。"规模交易"，即一家公司收购另一家经营同一业务的公司，其表现明显优于"范围交易"，而"范围交易"是指收购经营不同业务的公司。

Hiut Denim公司可以作为一个专注于发展核心业务的启发性案例。该公司的理念是"把一件事做好"，该公司在其品牌宣言中充满激情地阐述了这一承诺，"我们只生产牛仔裤，没有别的业务，不会受到干扰，也没有什么事物可以转移我们的注意力"。如图 6.1 所示，这是一条牛仔裤标签上所使用的宣言示例。这种对核心产品的关注似乎是值得的。该企业总部位于威尔士卡迪根，规模虽小，但发展迅速。根据该公司联合创始人大卫·海特（David Hieatt）所说，其手工牛仔裤的销售额在一年内增长了30%，如果公司能够雇用足够的员工，其销量还会翻倍。[2]

图 6.1　Hiut Denim 公司坚持专注于核心业务

为什么发展核心竞争力是推动品牌成长的有效方式？根据我们对 100 多名市场营销总监的研究，与通过扩展新市场来实现增长相比，发展核心业务有三个主要好处：①品牌资产：巩固和更新让品牌成功的产品/服务；②专注：避免将资金和人员分散在多种产品上；③投资回报：增加规模经济。

什么是"核心业务"?

在我们研究过的一些品牌中，识别核心产品很简单，因为这些品牌仍然保持着单一的产品主张。例如，可口可乐仍在销售可乐。然而，对于一些品牌，核心产品或服务的定位却更加困难一些。我们使用两个关键标准来定义核心业务：利润来源和认同来源。

利润来源——你用什么来赚钱?

当你想确定你的核心业务时，一个好的方向是"以盈利为先"。在最基本的层面上，核心产品或服务是一项大的业务，或者说是品牌最大的业务。此外，核心产品往往让公司获得更高收益。凭借多年的经验，公司掌握了核心业务。该业务的规模意味着通常存在着重要的规模经济效应。此外，针对销售方面，相比于在品牌知名度较低的新市场中竞争，品牌在广为人知且受到人们信任的核心领域，可能需要更少的营销支持。

图 6.2 中的投资组合分析可帮助你跟踪资金来源并确定你的核心业务。这种简单的可视化操作通常会对项目产生重大影响，因为它突出地说明了核心业务的重要性。更有趣的是，营销支出份额的增加通常是因为注意力集中在了更新且更小的产品上，从而忽略了核心产品而产生的。你是否对自己的品牌进行过这种分析呢？如果没有，做这项训练是定义你的核心业务的良好开端。

认同来源——你因什么而出名?

核心产品也是市场认同的来源。品牌的关键属性、优势和内部关联都与它息息相关。例如，虽然博柏利销售各种各样的服装和配饰，但风衣仍

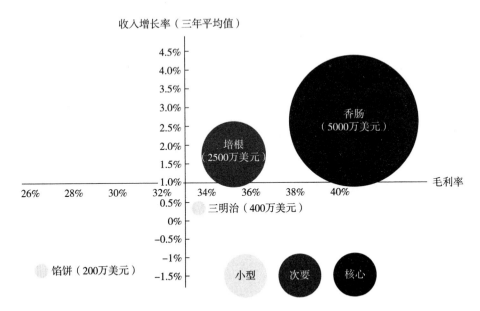

图6.2　食品公司的投资组合分析示例(仅供参考)

然是其品牌的象征。正如我们在之前的章节"重整旗鼓"中所提到的那样，博柏利前首席执行官安吉拉·阿伦德茨(Angela Ahrendts)将资源重新集中在风衣上，将其重新确立为"明星产品"和基本业务。"风衣一定是我们最吸引人的标志性产品。它指导我们的所有决定，这款产品就是我们的品牌。"[3]她在接受采访时评论道。这款风衣成为博柏利的宣传热点，还在社交媒体上大放异彩，在"风衣的艺术"网站上展示了由时尚的博柏利风衣模特拍摄的精选照片集，成为当时的明星产品。新版风衣，如色彩鲜艳且装饰金属元素的外观，使博柏利的核心产品保持新鲜感和活力。

尽管新产品的增长速度可能快于原始核心产品，但继续在核心产品保护上投资是建立品牌的基础。例如，虽然添柏岚现在销售各种服装和配饰，但靴子仍然是其品牌的象征，并继续在广告和品牌网站上扮演主角(见图6.3)。

那么，根据你的认同来源和利润来源，你认为你的品牌核心是什么？小心不要陷入关于这个问题的知识辩论中。我们看到一些团队在关于核心

图 6.3　明星款核心产品示例

到底是什么的问题上，开展了一些近乎哲学的讨论。简而言之，发展核心竞争力就是销售更多已经销售过的产品，而不是通过推出新产品和服务来增加销售额。

锚定核心业务

在许多公司案例中，它们的核心产品系列都有一款"主打产品"，是该品牌最简单、最纯粹的版本（见表 6.1）。这些"主打产品"通常被贴上"经典版"或"原始版"的标签。百威啤酒公司（Budweiser）的主打产品就是百威啤酒（Bud），这款产品不叫原始百威（Bud Original）或经典百威（Bud Classic）。它的原始版本自 1879 年以来一直存在，并且包装在这段时间内保持一致。百威昕蓝（Bud Light）这样的副线产品就如同卫星或行星，可以围绕这个经典版的"太阳"运行，并利用其原来的形象。需要注意的是，我们在这里谈论的不是品牌延伸，即品牌诞生一种全新的类别，如百威的咸味零食，而讨论的是提供同种产品或服务的不同版本（见图 6.4）。

表 6.1 主打产品

知名品牌	核心产品	主打款	其他版本
百加得（Bacardi）	朗姆酒	白朗姆酒	柠檬味朗姆酒，八年朗姆酒
家乐氏健怡麦片（Special K）	麦片	低热量款	草莓与巧克力款，红莓款
万宝路（Marlboro）	香烟	软红款	低焦油款，中焦油款，超低焦油款
斯米诺（Smirnoff）	伏特加	红牌伏特加	黑牌伏特加
多芬（Dove）	香皂	经典蓝款	敏感肌款，清爽绿款

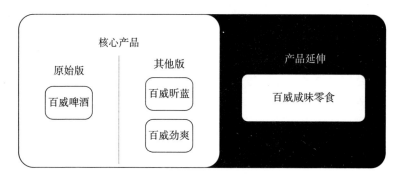

图 6.4 核心产品与产品延伸

随着新版本的推出，主打款的销量可能会下降，但"原始版"或"经典版"仍然是扩展新产品所依赖的重要可信度来源。当品牌想要传达品牌信息时，主打款产品通常是明星产品。经典版可口可乐的传统红白两色和标志性的玻璃瓶是该品牌宣传和赞助重大体育赛事（如足球世界杯）的特色标志。

一些品牌的建立理念是给顾客提供多样性选择，因此没有单一的主打款产品。例如，伊卡璐草本精华洗发水为不同的发质提供不同的产品。

回归核心产品

尽管发展核心业务具有许多优势，但其中仍然存在着一些风险，即忽视核心业务而倾向于将品牌拓展到新市场的创新行为。《品牌健身房（2010年版）》中的案例，即乐购所遇到的困境，可以体现这一点。菲利普·克拉克（Philip Clarke）于2013年接替了长期担任首席执行官的特里·莱希（Terry Leahy），并实施了一个存在致命缺陷的品牌愿景，即将乐购变成客户的"零售目的地"。为了将品牌的业务扩展到核心超市之外，乐购进行了多次收购，包括长颈鹿餐厅（Giraffe Restaurants）、哈里斯-霍尔咖啡厅（Harris + Hoole Coffee Shops）、多比斯花园中心（Dobbies Garden Centers）和Euphorium烘焙店。这些"新玩具"分散了乐购公司的时间、金钱和注意力，使其无法振兴核心业务，当时它正受到硬折扣连锁店奥乐齐（ALDI）和历德（Lidl）的夹击，因此核心业务受到巨大影响。英国区域的同比销售额在16个季度中有12个季度呈下降趋势，最终在2014~2015财年亏损64亿英镑，这是该公司成立100年以来最差的业绩。[4]

联合利华前高管戴夫·路易斯（Dave Lewis）于2014年接任乐购的首席执行官，并重新制定策略，即专注于公司核心业务，回想并更新了品牌在一些基础领域获得知名度的元素[5]：

➤ 销售周边业务：哈里斯-霍尔咖啡厅、长颈鹿餐厅、Euphorium烘焙店。

➤ 调整产品价格：从价格上来说，2016年在乐购购物，与两年前相比要便宜6%。这是因为公司降低了运营成本，从而降低了产品单价。并且，企业传达给消费者一个信息，即"品牌保证"，与前述四大超市相比，人们在乐购商场购买的产品的价格会更加低廉。

➤ 促销：在产品价格展示上做减法，将不直观的折扣直接算入更低的基础价中。并且，在新的货架标志上，把低价更清晰地展示给消费者。

➤ 提升服务品质：在业务中增加 12000 名为客人服务的员工，同时削减非面向客户的员工人数。此外，为 57000 名收银员和客户服务专员提供额外培训。

➤ 提高商品种类覆盖率：将商品种类覆盖率提高到 96%，将其排名从第七位提升到第一位。

➤ 简化经营范围："重置经营范围"这一举措使乐购的经营范围更简单，产品的相关度更高，其经营体量减少 23%。同时，这个更清晰的核心产品系列也得到了更新，推出了 3000 多种新产品。

➤ 保证健康："为孩子们免费提供水果"，当孩子们在乐购商场里走来走去时，会获得免费的水果，这一举措解决了顾客所关心的让孩子们吃得更健康的问题，并使孩子们在商场里得到愉快的体验。

这种"重新聚焦于创新核心业务"的做法已经取得了振奋人心的成果。2016 年，英国门店销售额连续三个季度增长，推动半年盈利增长 60%，总额达到 5.96 亿英镑。与此同时，乐购的市场份额五年来首次迎来了增长，2014~2016 年，乐购的顾客增加了 20 万人。客户的信任度也有了明显的提高，他们对员工的信任度从 2014 年 10 月的 61% 上升到 2016 年的 74%，对供应商的信任度从 2014 年的 51% 上升到 2016 年的 78%。净推荐值也提高了 13 分。[5]

既然发展核心业务能带来这么多好处，为什么像乐购这样的公司仍然会忽视它呢？之前提到的，本书对多位市场营销总监的研究表明，你需要克服四项基本挑战，才能正确地聚焦你的核心业务。

让它更引人注目

多位市场营销总监认为，发展核心业务远不如创新和品牌延伸来得有趣(见图6.5)。品牌延伸使他们能够利用营销"玩具箱"中的所有"玩具"，如产品开发、包装设计和新的宣传手段。相比之下，发展核心业务可能根本不涉及产品和包装的变化。这一点就很难让优秀的市场营销人员对核心业务的开发而感到兴奋，也很难得到管理层的关注和支持。

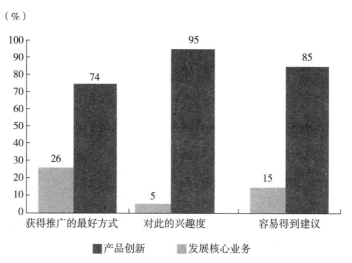

图 6.5　发展核心业务与产品创新获得的支持

资料来源：本书对多位市场营销总监的研究成果。

　　解决这个问题的一个办法是，在公司内部找到发展核心业务的成功案例，并把这些令人振奋的案例记录下来。此外，寻找那些将发展核心业务视为重要事项的公司案例。例如，红牛是世界上最受关注的品牌之一，无论你是否同意，它是一家将打造核心产品做到极致的企业。该公司将所有的焦点都集中在原始的蓝罐产品上，并开展了我们所说的"营销创新"——有影响力的、独特的、令人难忘的品牌活动，使"红牛，给你一双翅膀"的品牌理念得以实现，如红牛特技飞行比赛。红牛公司表明，对产品创新是否感兴趣的问题并不是发展核心业务不可避免的障碍，它是一个关于商业战略、思维方式和文化的问题。而要解决这一问题，要从品牌和品牌团队入手。

奖励成功

市场营销总监经常觉得推出新产品或服务是一种很好的品牌推广方式。市场营销人员的快速更替却让情况变得糟糕，他们更愿意把大笔预算用在将新产品推向市场上，很多市场营销人员会享受这一做法所带来的荣耀。然后他们就会转到一个更高的工作岗位上，让接替其位置的"可怜人"在第二年和第三年里奋力拼搏，并处理下滑的核心业务。

令人欣慰的是，我们的研究表明，越来越多的公司开始恍然大悟，并认识到了发展核心品牌的强大力量，我们所处的艰难和动荡的经济时代可能对此发挥了推动作用。超过40%的市场营销总监表示，在2~3年内，发展品牌的核心业务将变得更加重要，也有一部分人员表示，核心业务发展与产品类别外延同样重要。

引入成熟的管理及销售人员

在我们的研究中，近80%的市场营销总监认为，发展核心业务是品牌获得成长的最佳方式，即便他们认为创新产品更吸引人。然而，你需要向你的高级管理层推销这种方法的好处，同时也要向销售人员和客户推销，因为他们并不相信这种做法（见图6.6）。根据我们的经验，销售团队倾向于与客户分享源源不断的新产品消息。因此，对于品牌来说，如何使发展核心业务的计划变得振奋人心和具有新闻价值是最大的挑战，虽然很难，但可以做到。例如，梦龙最近打破了推出限量版口味的常规营销模式，将"庆祝25周年的欢乐时光"的全球营销计划集中在其核心产品——巧克力雪糕上（见图6.7）。这项活动得到了回报，相关报告指出，"该品牌核心系列的销售额首次突破了1亿英镑的大关，销量增长了28%，涨幅达到29%。"[6]

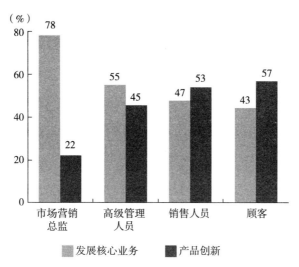

图 6.6　发展核心业务与产品功能创新

资料来源：本书对多位市场营销总监的研究成果。

图 6.7　梦龙为"庆祝 25 周年的欢乐时光"推出的核心产品

寻找灵感

最后，或许也是最重要的一点，发展核心业务需要与品牌延伸拥有同样多甚至更多的创意。仔细想想，新产品研发有一个相当明确的过程，大多数市场营销人员都接受过此类培训，即开发和筛选概念、与研发部门合作开发产品、在包装设计和广告中进行介绍、最终确定组合、向零售商介绍等。当然，踏上这条路远非易事，而且成功到达终点也很困难。但要采取的步骤是明确的。相比之下，如果你被要求在不改变产品和包装的情况下使核心业务增长5%，那么你手头能获得的帮助就少得多。

本章的余下部分和接下来的三项训练提供了实用的建议和灵感，以帮助你发展你的核心业务。但在介绍发展核心业务的关键驱动力之前，我们需要评估你的核心品牌和业务的健康状况，以便指导变革。

革新或再创新？——色拉布

你的核心品牌需要经历多大的改变才能保持健康的状态？核心业务的健康检查可以为解决这个重要问题指明方向。这需要观察业务（市场份额、收入增长、盈利能力）、品牌资产（知名度、品牌形象属性、消费者满意度）和品类（规模、增长和盈利能力）。如果没有这一重要的步骤，你就有可能匆忙启动一个改变太多或改变不足的工作方案。为了方便理解，我们概括了核心品牌健康检查中的三项挑战（见图6.8）：革新核心业务、重新定位核心业务和品牌重塑。

革新核心业务——色拉布

如果你幸运地拥有一项稳定甚至可以增长的核心业务，那么在这个基础上，革新品牌就是正确的决定。对于大多数公司来说，革新核心业务需要改变营销思维，它们往往把发展核心业务视为一项短期的活动。"今年我们要重新启动核心业务。我们将会进行真正的创新"。然而，核心业务

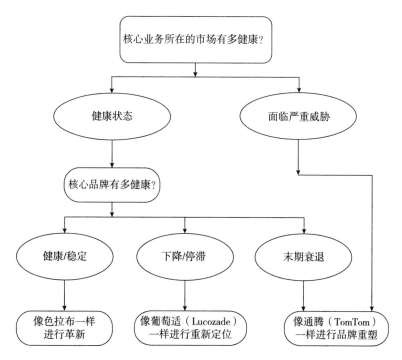

图6.8　指导品牌发展战略的核心品牌健康检查

的革新应该是一个持续的想法的发展和实施过程，并以此推动一系列的革新"浪潮"（见图6.9）。正如一家全球消费品企业的首席营销官在"品牌健身房项目"研讨会上所说："虽然我们有一条创新新产品的渠道，但我们还需要一条革新旧产品的渠道！"这种渠道就像通过定期去健身房和健康饮食来保持身材一样，可以让你避免极端的行为，比如暴饮暴食，从而避免产生严重的健康问题。在这里，我们可以从互联网品牌中学到很多东西，它们通过与其他产品执行性能相比较的"A/B"测试来优化其产品。例如，欧洲最大的线上地毯零售商（CarpetVista. com/Rug-Vista. com）使用这种方法进行了一系列的改变，其通过提升默认图片13%的转换率，以及增加"产品独一无二，库存只有一件"这一行文字，使销售额提高了6%。[7]

　　"革新"浪潮具有以下三大优势：

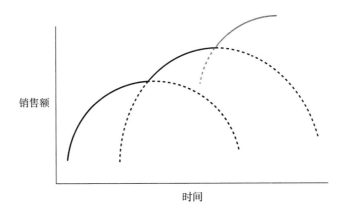

图 6.9　革新浪潮

> 招募新用户或创造新的产品使用场景以保持核心业务的增长。每项核心业务每年都会失去用户，因此需要引进新的用户才能维持市场现状。

> 维持现有用户对品牌的兴趣，让你有理由与客户讨论一些新鲜有趣的事物。

> 应对新的趋势和竞争，保持品牌与当今消费者的相关性。

色拉布是利用不断快速革新来保持其品牌新鲜度，并在竞争中保持领先地位的数字品牌案例。通过革新，该企业在 2017 年初以惊人的 240 亿美元估值上市，股价在交易的第一天就上涨了 44%。[8]考虑到其核心受众是具有时尚意识的青少年(81%的用户在 24 岁以下)，这绝非易事。

铭记你因何成名

色拉布一直坚持自己的基本宗旨：允许用户记录"快照"，但这些"快照"只能在 10 秒内观看，之后会自动删除。另一个关键功能是快照故事(Snapchat Stories)，即 24 小时后自动删除个人更新的内容。这样就把用户的重点放在创造和分享内容上，而不是观看旧的内容。由于你分享的内容会消失，而不会永久存在，所以它使年轻人可以自发地分享事物。这与 Instagram 上的完美自拍恰恰相反。在没有重大竞争对手的情况下，色拉布实际上已经垄断了"阅后即焚"的想法，这一做法帮助它赢得了 3 亿月度活跃用户。[8]色拉布还坚持使用黄色的小幽灵标志，使其成为最易识别的社交媒体应用程序之一。

更新让你成功的产品

色拉布的成功也归功于其不断的技术改进，其基础功能与快速进步的21世纪技术保持同步。它进行的一波又一波的改造包括：

➤ "小火花"（Snap Streaks）：计算人们与朋友连续交流的天数，鼓励人们每天都使用它。

➤ 上传相机中的照片，而不局限用户仅能分享在色拉布应用程序中拍摄的图像，从而鼓励用户与朋友分享更多的时刻。

➤ 改进了"抓拍"的功能，如引入了表情符号和扩展文本。脸部滤镜允许你在照片上"乱涂乱画"。

➤ 升级软件的直播和通话功能，创造一个更大的交流平台。

➤ "发现"（Snapchat Discover）：在应用内跟进时事和新闻报道。像《每日邮报》（*The Daily Mail Online*）和《天空体育》（*Sky Sports*）这样的品牌要出现在该应用程序上，每天至少要花费10万美元。[8]

重新定位核心业务——葡萄适

如果市场相对健康，但核心品牌却在衰退或停滞不前，很久都没有增长的迹象，那么可能需要采取更激进的方法，即重新定位品牌的核心业务。这一做法涉及从根本上改变核心业务的一个或多个方面。

➤ 改变对象：目标用户。

➤ 什么时候改变：使用场景。

➤ 为什么改变：主要优势。

这么做很难，因为品牌观念已经深入我们的大脑，所以很难改变。重新定位一个品牌需要在品牌表现上有明显的、重大的改变，并需要持续的投资来将这种改变传达给消费者。事实上，探究重新定位到底有多难，多

年前的葡萄适品牌就是一个典型的例子。1938 年，这种碳酸葡萄糖饮料作为一种疾病治疗剂出现在我们的生活中。葡萄糖是一种很容易被人体吸收的物质，它适合那些生病和不能正常进食的人，它被装在大玻璃瓶里，用黄色玻璃纸包着，在超市里出售。然而，它是一种不定期的、治疗疾病的消费品，随着医疗服务的改善，疾病出现的概率降低，销售量开始急剧下降。

第一步：每日提神饮料

第一次产品重新定位是将葡萄适作为一种健康的、日常的提神剂来销售，试图摆脱作为一种疾病治疗剂的束缚。重新定位依靠的是一种女性方向的营销，其定位是为一位因家务劳动而疲惫不堪的女士提供提神的服务，并以一句广告词结束："葡萄适，让你在一天的起伏中恢复活力。"这次重新推出的产品定位最初是成功的，销售额因此增加了 11%。然而，到1979 年底，销售额的增长已经趋于平缓。[9]

第二步：能量饮料的先驱者

"应对日子的起伏"这种概念重新推出后的市场影响有限，因为它没有触及产品和包装的改造。无论广告如何努力传递不同的产品信息，那个贴着黄色玻璃纸的大瓶子依然存在，并让人联想到一种治疗疾病的药物。

真正的突破来自于改变整体，而不仅仅是广告营销，企业开始将葡萄适重新定位为一种"能量饮料"。值得注意的是，核心产品并没有改变，因为它在根本概念上仍然是与之前相关的。该品牌的用户群发生了巨大的变化，吸引了为自己而购买该品牌的年轻饮用者。整体的变化包括：

➢ 瓶子：将产品重新包装在一个较小的 250 毫升的宽口手持式瓶子里，没有黄色玻璃纸。该品牌现在是一种现代化的便携的饮料。

➢ 分销：从仅在超市售卖，扩展到英国数以千计的被称为"CTNs"（糖果店、烟草店和报刊亭）的小型街角商店，学校的孩子们在回家的路上会在那里停留并购买饮料和零食。

➢ 营销：通过展示英国著名运动员戴利·汤普森（Daley Thompson）

把该品牌作为其训练计划的一环，且通过葡萄适帮助他达到了比赛的巅峰，这一宣传将整体的产品变化串联了起来。

由于本次新包装的推出，250毫升瓶装的销售量暴增了40%，甚至比原来的大瓶装还增长了4%。这次改造也成功地改变了人们对该品牌的看法，使之与新的品牌愿景相一致。

第三步：真正的运动饮料

核心产品的重新定位为进一步的产品创新奠定了基础。该品牌推出了一款葡萄适运动型饮料（Lucozade Sport），该产品在技术上更加先进，通过研究证实该产品可以帮助消费者从体育活动中快速恢复的说法。尽管全球品牌爆锐（Powerade，可口可乐公司旗下品牌）和佳得乐（Gatorade，百事可乐公司旗下品牌）进行了大量投资，但葡萄适仍然在英国运动饮料市场占领40%以上的份额，在该领域处于领导地位。[9]

品牌重塑——通腾

对于一家企业来说，品牌重塑是最具挑战性和风险性的路线。当今市场，受到激进的、不连续的变化威胁，这些变化往往是由"数字颠覆"引起的。为了经受住这种挑战，一个品牌需要"转型"，以一种新的方式实现核心利益，从而重新定义核心业务。理想情况下，这种品牌重塑发生在业务发展良好的时候。例如，随着苹果音乐播放器（iPod）、苹果手机（iPhone）和苹果平板电脑（iPad）系列产品的推出以及iTunes商店、App Store和苹果零售店三项服务的创新，苹果公司从计算机业务转变为"个人娱乐和生产力业务"。今天，该品牌的核心业务是生产手机，这变成了该公司主要的市场认可度和利润来源，并且占公司收入的60%以上。[10]

然而，在其他情况下，公司的改变往往是缓慢的，同时对品牌健康造成了严重甚至是致命的后果。自《品牌健身房》（第二版）发布的六年来，诺基亚（Nokia）从被列入世界上最有价值的20个品牌，变成了无人问津的过气品牌。百视达已经破产，柯达（Kodak）也是如此，而黑莓（Blackberry）已经停止生产移动通信设备。

通腾是受到"数字颠覆"冲击的品牌之一，但它成功地抵御了经济风暴并存活下来。该企业关于汽车卫星导航设备的核心业务经历了颠覆性的变化，因为智能手机免费增加了卫星导航和地图。北美的卫星导航市场缩减了约1/3（从210万台跌至140万台），欧洲卫星导航市场缩减了近20%（从240万台跌至200万台）。通腾的收入直线下降，从2008年的16.7亿欧元跌至2014年的9.5亿欧元。其股价下跌的速度更快，从60欧元跌至3欧元。然而，与先前遭受致命打击的品牌相比，通腾的品牌命运在改善。与之前六年收入相比，2015年，该品牌的收入迎来了六年后的首次增长，增长了6%。《泰晤士报》（The Times）指出："它曾被认为是一个失败者，但它在亏损威胁其生存时，努力度过了艰难的岁月，并重新规划了自己的未来。"[11]下面我们来看看通腾为扭转其品牌颓势所做的努力。

打破市场营销的惯性思维

品牌创新慢往往被指责为"营销短视症"，即企业没有看到即将到来的市场变化。我们认为更大的问题其实是"营销惯性"，即尽管你知道变革正在发生，但仍采用固有的思维去营销核心产品。为什么会发生这种情况？高级管理层可能轻视了新企业，没有看到它们以后将会带来的威胁。此外，变革的风暴可能需要一段时间才能显示出它的全部力量。在这之前，公司的销售顺风顺水，也有可能让企业滋生自满情绪。你在通腾身上看到了这一点。2010年通腾的收入仍在上升，与前一年相比增长了3%。但是，随着智能手机销量的暴增，风暴袭来了。

重新定义你的市场

重塑核心业务的一个关键步骤是重新定义市场，这类改造应该是基于消费者的利益而不是产品，正如我们在前面的训练"寻找真正的洞察力"中看到的那样。在通腾的案例中，企业面临这样的挑战，意味着它需要将目标市场重新定义为"个人导航和地图"而不是"卫星导航"。这有助于摆脱当前产品需求，从而识别外界威胁和机会，如智能手机带来的威胁。它也激发和指导了核心产品的重塑。对通腾来说，这涉及从销售卫星导航设备转为销售软件和服务，正如其首席执行官哈罗德·古迪恩（Harold Goddijn）所说："我们的目标是让客户能够使用世界一流的应用程序，无论是在智能手机上，还是在仪表板上或网站上。"[11]作为品牌重塑的一部分，通腾已经与苹果公司就苹果手机地图服务签署了备受注目的合作伙伴协议，最近又与优步（Uber）签订了合作协议。它还为英国保险经纪公司Motaquote 的公平薪酬保险产品提供技术，以较低的保费奖励良好驾驶的用户。这些新服务的收入终于开始均衡了原来卫星导航业务下降导致的亏损（见图 6.10）。

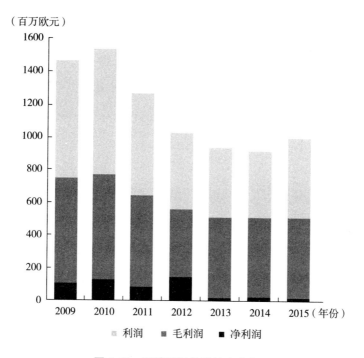

图 6.10　通腾重塑品牌核心业务

资料来源：通腾的年度报告。

投资核心产品

新技术的研发需要在新能力和资本上进行大量投资，而在现有业务中已经投入了数百万欧元和多年的心血。通腾在 2015 年的研发费用为 2.68 亿欧元，与 2014 年相比增长了 9%，有 3500 人从事研发工作，这一做法反映了该公司对汽车行业的先进业务和软件的大量投资。

把"竞争"留在品牌内部

通腾公司意识到可以进行一场赌博，即在市场从卫星导航仪转向智能手机软件的趋势下，公司可以选择将自己的业务转型并抓住这个机会。换句话说，就是把"竞争"留在品牌内部，将这个新的业务领域纳入公司的经营范围中，以便更好地获得市场份额。

保持真实

像柯达和百视达这样的公司未能重塑其核心业务的原因之一是过于内向，担心自己的商业模式和资产基础。因此，通腾公司的首席执行官哈罗德·古迪恩正努力保持真实，并且他着重于向外发展。他说："我正在努力尽可能地熟悉产品的基础功能。当我在国外旅行时，我会测试所有的应用程序，看看我们的产品是如何适应当地条件的。"他还喜欢在阿姆斯特丹总部附近的通腾商店工作。

在提出了发展核心业务的理由并确定了所需的变化程度后，我们将在本章的最后介绍两个关键的驱动核心业务增长的因素：通过提升品牌独特性、促进分销来提高用户渗透率，以及通过产品溢价促进品牌价值增长（见图 6.11）。后面的章节将详细地探讨这些驱动核心业务增长的因素，然后探讨品牌延伸，最后探讨扩展核心产品与延伸核心业务。需要注意的是，驱动因素的顺序很重要。我们鼓励你先在独特性和分销方面下功夫，而不是急于进行产品创新，以延伸你的品牌。这些驱动因素会使你的业务增长，且不会增加任何额外的负担。

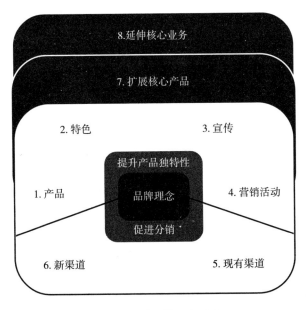

图 6.11　增强核心驱动力

核心增长驱动力一：用户渗透率

提高核心业务市场份额的最佳方法是什么？你可能认为是提高忠诚度，即提高复购率、购买频率或每次购物的购买量。然而，实际上，正如爱伦堡研究所（The Ehrenburg Institute）的拜伦·夏普（Byron Sharp）教授针对多个品类和市场的科学研究所显示的那样，在任何给定的品类中，这种忠诚率对于不同的品牌都是相似的。[12] 为了增加销量份额，你需要提高用户渗透率，扩大使用你的品牌的人群，如美国洗发水市场的数据所显示的那样（见图 6.12）。销量最大的品牌丝华芙（Suave）拥有最高的用户渗透率，在过去一年中至少使用过一次丝华芙洗发水的人群越来越多。相比之下，以年度购买频率作为衡量指标，各品牌的用户忠诚度水平相当接近，但丝华芙的忠诚度确实略高。这符合"双重危机"法则，即用户渗透率高的品牌往往也有略高的忠诚度。表 6.2 是 ·个服务品牌的案例，以南非的保险公司为例。这表明，每位客户所持有的各个品牌的产品数量是相当相似的。[12]业务规模的差异在于，大品牌比小品牌拥有更高的用户渗透率（更多的客户）。

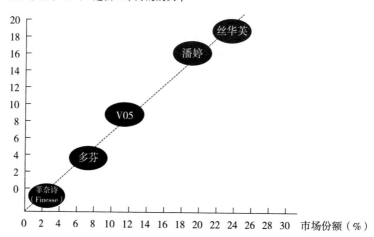

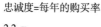

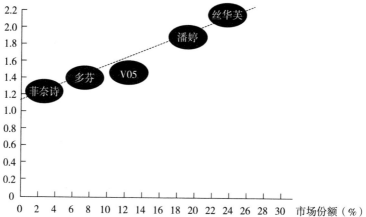

图 6.12　2005 年美国洗发水用户渗透率、忠诚度、市场份额比较

资料来源：拜伦·夏普的《品牌如何发展》（*How Brands Grow*）。

表 6.2 南非保险品牌中每位客户的产品持有情况

品牌	用户渗透率（%）	人均所持有的品牌产品数
Outsurance	27	2.3
Mutual & Federal	13	2.3
Santam	12	2.5
ABSA idirect	11	2.1
Auto & General	10	2.0
Budget	7	1.9
AA	7	1.3
Dial Direct	6	1.9
St Bank/Stanbic	5	2.0
Miway	4	1.8
1st for Women	3	1.9
平均	10	2.0

当然，你的品牌拥有轻度忠诚度、中度忠诚度和重度忠诚度的买家。但每个忠诚度级别的买家比例可能与你的竞争对手相似。事实上，对品牌发展而言最重要的群体并不是忠诚的用户，也就是那些熟悉品牌且复购率很高的"粉丝"，关键是在一年中的某个时刻选择购买你的品牌的许多轻度忠诚用户和非品牌用户，而且这样的"摇摆不定的选手"有很多，他们可以在你的品牌或竞争对手之间摇摆不定。例如，超过一半的可口可乐的英国买家每年只购买 1~2 次该产品。市场营销的作用是确保当这些人决定购买时，他们选择你而不是其他品牌。

这里需要记住的一点是，上述所有关于提高用户渗透率来增加销量份额的方法都适用于特定品类。一个特定品类的忠诚度和用户购买频率在不同的市场上可能有所不同，例如，美国人比英国人喝的可乐多得多。这意味着，增加销量的另一种方式是增加产品品类。这对所有品牌都有利，包括你的竞争对手，但这一策略对占主导地位的品类领导者最有意义。例如，吉列公司对男性全身剃毛的宣传很有效，因为该品牌已经在剃须市场上拥有了 75% 以上的份额。

因此，要发展核心业务，你需要提高用户渗透率和扩大用户群，我们将为你介绍两种主要的方式：特色营销和推动分销。我们将在下面的训练中进行更详细的探讨。

以独特性提高用户渗透率
——詹姆斯·邦德（James Bond）

让尽可能多的人购买你的品牌的第一种方法是，确保在他们决定购买你的产品时，你的产品会被他们想起并与该品类关联起来，这被称为"显著性"（Saliency）或"心智显著性"（Mental Availability）。而做到这一点的最好方法就是做到产品差异化，是这样吗？事实上，真正的差异化可能会限制你发展核心业务的潜力，因为它鼓励你去追求次要的利益。这样做，你有可能降低产品对顾客的吸引力，因为你已经远离了市场的中间地带和人们想要的最重要的核心利益。

领先的品牌不是通过独特的利益点来寻求差异化，而是创造出高度独特的营销组合，以更有冲击力和令人难忘的方式来突出核心产品的市场利益。图 6.13 中的英国移动通信网络市场案例说明了这一点。当时，O2 是领先的通信品牌，但没有产品差异化。O2 并没有因为某件事情而脱颖而出，而是做到产品的全线壮大。它的品牌形象与法国电信运营商 Orange 和德国跨国移动电话运营商 T-Mobile 等小品牌相似，但它在各个方面的得分都比较高。O2 使用了蓝色和气泡的视觉冲击来脱颖而出。在市场上率先与苹果手机等产品合作，增强了其创新的形象。O2 的奖励计划有助于传达对客户的关怀（有趣的是，这是一项忠诚度计划，但实际上是通过提高用户渗透率和吸引新用户来实现的，这些用户认为"O2 似乎很关心它的客户，因此我会给它一次机会"）。

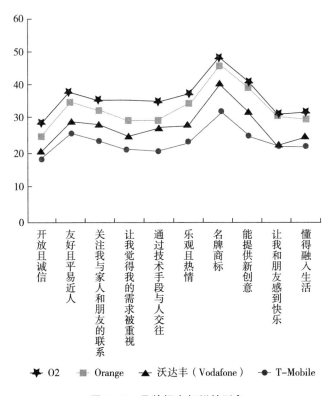

图 6.13　品牌拥有相似的形象

品牌属性的力量

　　为了进一步探讨特色营销是如何帮助品牌发展核心业务的，请回想一下你上次去超市购物的情景，在此要感谢 JKR 的安迪·诺尔斯（Andy Knowles）提供的案例。如果你是一位普通购物者，去了一家常规的超市，你从一家拥有 30000 件商品的超市中购买了大约 30 件商品。换句话说，你只购买了 1000 件打折商品中的一件，而你在货架上留下了 999 件产品。

➤　平均每家超市中的商品数量为 30000 件。

> 购物筐中的平均商品数量为 30 件。

> 每购买一件商品，你要购买的商品数量是总商品量的 1/1000。

> 每购买一件商品，你不购买的商品数量是总商品量的 999/1000。

现在，你花了多长时间来完成这项难以置信的任务？同样，如果你是一位普通购物者，它可能花了你大约 30 分钟。但是这怎么可能呢？你怎么能在短短 30 分钟内做出 1‰的选择，而且是 30 次？

我们可以通过了解大脑的工作原理找到答案。在 90% 的时间里，大脑使用所谓的"系统 1"思维进行自动驾驶，以节省能量，实际上是为了不消耗过多精力。只有在你需要绝对判断的时候才会采用"系统 2"的理性思维。自动驾驶行为是通过记忆结构发生的，是与独特的符号、口号和其他"品牌属性"相联系的硬性关联（见图 6.14）。例如，一个上班族经过报摊，看到浅橙色的《金融时报》，就不假思索地拿起了它。在超市里，你看到一个红色的罐子，上面有一道白色的条纹，不假思索地就把 6 罐可乐放在了你的购物筐里。在少数情况下，我们会停下来，也许是为了查看价格或促销活动。在这种情况下，我们实际上调动了我们的大脑，并采用了"系统 2"的思维方式。但大多数情况下，我们会利用记忆结构来决定买什么。同样的情况也适用于网络世界，我们被各种各样的品牌轰炸，而我们的大脑通过使用记忆结构来简化这一选择过程。这也是购物比较网站通过投资以建立与其网站地址相联系的独特品牌属性的原因之一，例如，价格比较网站"Compare the Market"的猫鼬形象和"Go Compare"的歌剧演唱者形象。

电视营销机构 Thinkbox[13] 和神经营销公司 Neuro-Insight 所做的脑部影像研究证实了独特的记忆结构在宣传中的重要性。[14] 他们在九个不同类别中分别测试了两部广告：一部是商业上成功的广告；另一部是不成功的广告。该研究表明，记忆编码是有效性的关键。"越来越多的证据表明，进入记忆的内容与随后的购买决定和行为相关。这些记忆可以在购买过程中被触发，它们可以影响我们的行为"。

图 6.14　品牌属性的类型

新鲜的一致性

神经科学研究表明，"系统 1"决策的关键记忆结构需要 2~3 年的时间才可建立，而这需要在一致性和新鲜度之间进行谨慎的平衡，或简称为"新鲜的一致性"（见图 6.15）。根据对大脑处理的科学研究，适度的符合预期的宣传活动在提高用户的注意力、喜爱度、回忆和识别能力方面最为有效。[15] 太多的新鲜感是无效的，因为完全出乎意料的宣传会吸引消费者的注意力，但需要消费者高度参与其中，而大多数广告是在低参与度的情况下被处理的。太多的一致性也是无效的。例如，如果一部商业广告的开头让消费者产生了预期，并被随后的信息所证实确实如他们所想的那样，那消费者在思考这件事上消耗的精力就会减少，他们的大脑就会转而关注产品的其他信息。

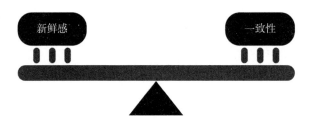

图 6.15　核心品牌的平衡之道

　　然而，许多品牌在记忆结构建立之前就废止并改变了定位和品牌属性。当然，正如我们在前面的章节"寻找真正的洞察力"中所看到的，我们需要展望新的市场趋势，并保持消费者对品牌的新鲜感。但是我们也需要回顾过去，铭记品牌因何成名，其中包括品牌定位和品牌属性。

　　詹姆斯·邦德系列电影的制作人已经连续创造了 50 多年的新鲜感，2000 年之后，由丹尼尔·克雷格（Daniel Craig）主演的翻新版詹姆斯·邦德系列电影产生了非常成功的效应。詹姆斯·邦德系列电影的创新概况（见图 6.16）记录了哪些需要保留（一致性），哪些需要更新/删除/增加（新鲜感）。新系列的前两部电影分别是《皇家赌场》（*Casino Royale*）和《量子危机》（*Quantum of Solace*），每部电影在当时都创下了詹姆斯·邦德系列电影的最高票房（达 5.9 亿美元）。詹姆斯·邦德的制片人成功保持翻新节奏的能力是非常令人震惊的。第 23 部詹姆斯·邦德系列电影《007：大破天幕杀机》（*Skyfall*）是第一部突破 10 亿美元票房大关的电影。它是一个典型的例子，因为这个团队铭记了这个系列成名的原因，并以此升级了他们的核心产品。这部电影的团队是由四位奥斯卡奖得主组成，即导演萨姆·门德斯（Sam Mendes），演员拉尔夫·费因斯（Ralph Fiennes）、朱迪·丹奇（Judi Dench）和哈维尔·巴登（Javier Bardem）。阿黛尔·阿德金斯（Adele Adkins）演唱的主题曲获得了奥斯卡最佳电影歌曲奖，YouTube 上的浏览量超过 8000 万次。随后的电影《幽灵党》（*Spectre*）虽然没有达到同样的高度，但仍然带来了近 9 亿美元的票房收入。

保持	更新	舍弃	增加
·核心思想：詹姆斯·邦德对抗恶势力，拯救世界 ·人物的核心元素：汽车、美女、装备 ·主题曲和007身份	·核心元素：汽车和装备需要利用更高级的科技技术 ·反派角色更坏	·外来影响：例如，电影中的汽车是英国品牌	·顺应潮流，参考实事

图 6.16　詹姆斯·邦德系列电影的创新概况

珍惜你的品牌特色

品牌特色是宝贵的资产，值得被珍惜。然而现在，世界各地的市场营销总监都在说："我觉得我们应该改变广告口号。"这些市场营销总监往往是新上任的，我们的研究表明，组织变革，特别是市场营销总监的变化，是 55% 的品牌属性发生变化的主要原因，还有 20% 的变化是品牌根据市场的随机应变，只有 25% 是基于定量数据的（见图 6.17）。你能想象一个制造业的副总裁在没有任何数据支持或成本/效益分析的情况下说"我觉得我们应该把使用了两年的工厂拆掉"吗？也许不能，他们很可能会在会议结束后被嘲笑，甚至被解雇。然而，品牌的资产却在没有确凿数据支持的情况下被创造和抛弃，阻碍了消费者对品牌独特记忆结构的建立，这种行为侵蚀了品牌资产。

移动网络品牌 Orange 就是一个令人遗憾的例子。这个品牌曾经是英国当之无愧的领导者，这得益于其标志性的黑色和橙色的视觉形象，以及与品牌形象高度统一的宣传标语"未来是明朗的，未来是 Orange 的"。然而，法国电信对其的收购导致了大批关键人物的出走，包括其富有个人魅力的创始人汉斯·斯努克（Hans Snook）。该品牌所发布的一系列不同的、不相干的宣传活动接踵而来，如有一年的品牌形象为"精明的商人"，然后是一

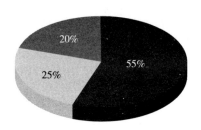

■ 组织变革　■ 基于数据的策略　■ 基于主观判断的策略

图 6. 17　改变品牌特色的主要原因

个孩子在 Orange 移动学校接受教育，接着用动物作为价格计划的隐喻，纽约失去电力时人类的联系，还有另一个名为"我是……"的活动主题。在这一时期结束后，Orange 已经被 O2 品牌超越，在市场份额和品牌形象方面都下降到市场第四位。这个品牌再也没有恢复过来。它最终在 2015 年被 EE 品牌所取代，这一品牌变迁在本书关于品牌组合战略的章节中有所涉及。

衡量你的品牌优势

如果你珍惜你的品牌资产，那么你就应该对它们进行衡量。在品牌管理项目中，我们使用"标志性特色追踪"（Iconic Asset Tracker，IcAT）研究来评测品牌属性，并帮助品牌所有者对品牌属性做出基于数据的决策。重要的是，这一方法使用了一种"隐性思维"，即记录人们在不到 1 秒的时间内对该品牌属性做出的反应。这突出了真正嵌入记忆结构中的标志性品牌特色，而不是那些在经过思考之后才想起的品牌特色。图 6.18 是一个来自梦龙冰激凌的例子。梦龙最标志性的特色是其产品的形状，其"市场营销活动"的得分为 93 分（促使人们回忆起该品牌），该品牌的独特性已经融入产品本身，且展示一个人物咬着产品的画面比一般的"感官享受"画面更能宣传品牌特色。相比之下，该品牌的口号"献给寻找快乐的人"则不那么强烈

（得分为 41 分），1/3 的人将这句宣传语与哈根达斯（Häagen‒Dazs）联系起来。名人代言的得分要更低得多，最近的全球代言人本尼西奥·德尔·托罗（Benicio del Toro）的得分只有 21 分。值得注意的是，《绝望的主妇》中明星伊娃·朗格利亚（Eva Longoria）的"品牌宣传"得分是本尼西奥·德尔·托罗的两倍左右，尽管她上一次代言该品牌是在 2008 年，也许是因为她的魅力属性与梦龙的品牌属性更吻合，才导致了这一结果。

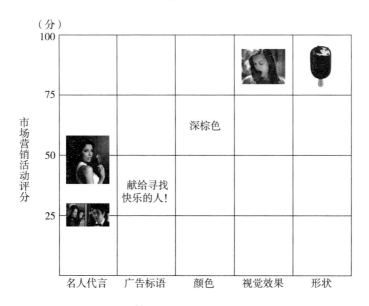

图 6.18　梦龙标志性特色追踪活动评分

以分销提高用户渗透率

提高用户渗透率的第二个关键方法是通过扩大你的分销来增加"实际可用性"，虽然这不是营销中最有趣的部分。尽管我们仍然难以证明，一条极好的 Twitter 消息或完美的脸书页面会推进你的核心业务，但可以证明通过更多的渠道进行销售，可以帮助你销售更多的产品。分销能让你的品牌出现在尽可能多的人面前，包括我们一直在谈论的，对于品牌来说非常重要的轻度忠诚和非用户群体。简单地说，如果你的品牌没有在这些"摇摆不定的选手"决定购买什么的时候出现，那么你就错过了渗透核心用户的机会。

在最简单的层面上，分销就是让你的品牌在现有的渠道中可被购买到。因此，对于一个典型的消费品品牌来说，这意味着要最大限度地在主要超市中扩大产品存在感。分销也是通过开辟新的渠道来寻找新的"通往消费者的路线"。这种方式可能是指，在通常不销售该产品的地方销售你的品牌，例如亨氏在母婴护理店销售婴儿食品。或者，它可能是利用数字技术的力量，开辟直接向消费者销售的新途径。例如，南非的第一国民银行（First National Bank，FNB）将其重点从提高跨产品的用户忠诚度转移到提高用户渗透率上，强调发展自己所擅长的移动银行业务，该银行拥有市场33%的移动银行业务份额，而其他银行业务的市场份额只有23%。在过去五年中，客户群约增长了29%，从580万人增加到750万人。[15]

核心增长驱动力二：产品溢价

提高用户渗透率的重点是增加产品的销量份额。第二个核心增长动力是品牌溢价：从你销售的每一款产品中赚取更多的钱，以增加价值的份额。这个目标可以通过大幅提升现有产品品质或服务以支持更高的价格来实现。然而，更多的时候，它将涉及提供核心产品的新版本，为消费者增加额外的价值，以此支持溢价行为。只要核心扩展产品的利润百分比与原始版本相同，这就意味着每件产品可获得额外现金利润。即使新产品"蚕食"了现有产品的销量，其整体利润也会增加。

核心产品扩展可以通过提供新产品和不同的包装形式来实现，例如亨氏公司将番茄酱装在一个倒置的挤压瓶中，这一包装比原来的玻璃瓶更实用。

这里的关键点是增加产品本身的价值。许多品牌延伸未能向消费者提供新的、与消费者相关的直接利益，因此失败了。另一个常见的问题是，一家公司创造的新产品制造成本比原来更高了，但没有为消费者提供足够的使用价值，因此无法以足够的溢价出售并维持其盈利。

📝 主要收获

1. 大多数强势品牌都有一个强大的核心产品，这是其利润的来源，也是其市场认可度的来源。

2. 过度依赖创新和品牌延伸有可能导致核心业务被忽视，这在"数字颠覆"的时代是非常危险的。

3. 发展核心业务的两种关键途径是提高用户渗透率(增加用户数量)和产品溢价(提升产品价值)。

反省清单六：革新核心业务

· 你是否根据市场认可度的来源和利润的来源来确定你的核心业务？

☐是　☐否

· 你是否回顾过你的核心业务在人才、预算和产品新闻方面获得的支持水平？

☐是　☐否

· 你是否从你的企业内部和外部找到了发展核心业务的成功案例？

☐是　☐否

· 你是否努力让高级管理层认识到发展核心品牌的重要性？

☐是　☐否

· 你是否通过品牌健康检查来确定你的品牌所需的新鲜度和一致性之间的平衡？

☐是　☐否

 **接力棒**

你现在已经看到了发展核心业务的优势，以及它如何使你的品牌和业务方面更加突出。接下来，我们将更详细地探讨发展核心业务的驱动力，首先是如何将你的品牌融入核心产品或服务中，使其与众不同。

第七章
训练七：将品牌融入产品中

在当今的数字时代，消费者也开始变得更加精明，那么此时兑现你的承诺就变得越来越重要，这意味着不佳的产品表现是很容易被发现的。这就是为什么发展核心业务的最佳方式是将品牌融入你的产品或服务中，从而创造产品的独特性并提高用户渗透率。与营销广告的短暂性相比，打造产品或服务是一个持续的品牌建设过程。品牌的另一个基本和持久的要素是独特的品牌特色，这对于其在今天这个繁杂的世界中脱颖而出至关重要，无论是在超市货架上还是在数字网络上。

"烘焙"品牌

今天的消费者更精明、更了解市场情况，只要点击一下鼠标，就能对你的品牌进行赞美或诋毁。根据德勤公司（Deloitte）的调查，"在拥有了更多信息渠道、社交网络和电子设备后，消费者现在有能力进行研究。因此，消费者对产品的期待更高，这导致企业更难跟上市场的节奏"。[1]超过80%的英国消费者阅读评论并检查产品评级，超过 1/3 的人会在网络论坛上发帖。

这意味着产品性能比以往任何时候都更重要，你需要塑造品牌和提供服务。借用亚历克斯·博古斯基（Alex Boguski）和约翰·温莎（John Winsor）在《烘焙式行销》（*Baked In*）一书中的说法，你需要通过"烘焙品牌"使你的产品或服务与众不同。[2]将你的品牌融入产品中是创造与众不同的最有效的方法。为什么？很简单，因为客户和消费者每次使用你的品牌时都会与这些品牌固有的元素互动。

以苹果手机为例。你可能每个月都会多次看到这个产品的广告。一年下来，这可能意味着 36~40 次品牌互动。考虑到公关报道和其他形式的营销宣传，这个数字还会增加 1 倍，那我们可以估算，一年有 100 次与消费者互动的机会。但是消费者与产品互动次数是多少呢？我们一天中要看数百次手机。

如果你的产品或服务缺乏独特性，就会使品牌发展变得更加困难，成本更高，因为你必须依靠促销和广告支出来进行推广。"广告是对平庸产品的征税"，这是极客小分队（Geek Squad）创始人和"首席督察"罗伯特·斯蒂芬斯（Robert Stephens）的说法。他的电脑维修业务从 1994 年的一无所有发展到拥有 15000 名"代理商"，在这一过程中，他对广告投放的关注很有限。相反，他着眼于端到端的客户体验，并在客户体验的关键时刻增加特色，我们称这些关键时刻为"特色服务"（见图 7.1）。因此，极客小分队不是开着不知名的白色货车出现，而是开着极客车（Geekmobiles），即模仿警车的黑白两色的大众甲壳虫。极客小分队的特工们经过训练，不仅要准时到达，还要提前 5 分钟到达。极客小分队的特工们出现时，他们的穿着也很有特色，看起来像 20 世纪 60 年代电视剧中的警察，穿着白色短袖衬衫、黑鞋，佩戴着夹式领带。产品或服务的每一部分都可以变得更有特色，即使是最平凡的东西。例如，有人为罗伯特·斯蒂芬斯制作了极客小分队品牌的鞋子，在鞋子侧面有一个漂亮的标志。然而，罗伯特·斯蒂芬斯要求将标志放在鞋底上。为什么呢？因为这意味着无论他们走到哪里，极客小分队的代理商都会留下品牌的脚印！有了 15000 名代理商和 30000 双鞋，每个代理商每天只要走一步，每周就能获得 150000 次免费展示，一年就累计 7500 万次。

极客小分队通过"特色服务"为客户提供独特的体验

| 代理商
到达时 | 第一步：
提前五分钟
到达
（彰显效率） | 第二步：
擦脚
（彰显关怀） | 第三步：
讲真心话，
而不是套话
（彰显关怀） | 第四步：
一次性修复
（彰显专业） | 代理商
离开时 |

图 7.1　打造产品特色

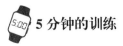 **5 分钟的训练**

尝试做一个"极客小分队"对于激发品牌的创造力而言是一次有用的创

意训练。想象一下，当你是一家企业的经营者时，你的广告预算被削减到零。你如何将品牌融入每一个环节，从而推广你的产品或服务？

我们将从四种不同的方式入手，在你的产品或服务中融入与众不同的特点（放大品牌本质、发现品牌本质、多提供人们想要的东西、少提供人们不想要的东西），然后再来看看如何创造和放大一个与众不同的视觉形象。

推出独特的产品或服务

天生的与众不同——丽世度假村（Lux * Resorts）

使你的核心产品与众不同的最好方法是，从一开始就进行与众不同的产品设计。这可以让你的品牌从诞生的那一刻起就突显了独特的品牌本质，丽世度假村就采用了这种方法。在许多酒店中，如果没有标牌，你可能很难区分你住的是哪个品牌的酒店，而丽世度假村则出色地利用了品牌属性来为顾客提供了真正的、独特的体验。顾客的满意度得分很高，83%的猫途鹰（TripAdvisor）用户给毛里求斯美岸丽世度假村（Belle Mare）打了五星的高分。在塞舌尔、马尔代夫和迪拜也有丽世度假村。

丽世度假村标志中的"*"指的是品牌理念"更轻、更亮"。与许多热带豪华度假村相比，这种明亮多彩的设计是与众不同的，因为其他度假村倾向于用深棕色织物、图形和家具来显示精致感。丽世度假村通过在旗下不同度假村中复制一系列的特色服务，为顾客创造了独特的体验：

➤ 丽世咖啡馆（Café LUX *）：设置在每家丽世度假村的中心，咖啡师们在这里准备了美味的、新鲜的咖啡（见图7.2）。不仅味道比一般酒店的咖啡好，咖啡馆的外观设计也很美观，并且在内部接待区中可以闻到新鲜研磨的咖啡香气。

图7.2　丽世度假村彰显的品牌真理——丽世咖啡馆

➤　冰激凌吧(ICI)：每个丽世度假村都有自己的冰激凌吧，上午提供可爱的小冰棍，下午则提供更多美味的冰激凌。

➤　海滩上的屏幕：每周在海滩上为客人播放3~4次电影，并且提供爆米花和冰激凌。

➤　给家人打电话：进入经典的红色电话亭，客人可以免费给朋友和家人打电话。

➤　丽世之声：这里没有嘈杂的"电梯广告"，而会精心播放炫酷和现代的音乐。

➤　Beach Rouge酒吧餐厅：一家时尚的、在圣特罗佩不会显得格格不入的酒吧餐厅。

发现自己的不同——城堡冰啤(Castle Lite)

在其他情况下，你的品牌可能确实拥有一种特征，但却一直处于休眠状态，没有得到充分利用。多年来，南非的城堡冰啤将自己定位为"正确的选择"，因为它的酒精含量比大多数啤酒低 4% 或 5%。该品牌做得还不错，但销售情况相当平淡。为此，该品牌利用低酒精度的另一个好处，即提神功能，来重新营销自己。乍一看，这似乎是一种普通的功效，并不是一个有趣的领域。事实上，如果你能像城堡冰啤酒团队那样，找到一种产品特点，并把这种好处融入日常生活中，这会是一个很好的卖点。该品牌的理念是不销售任何类型的清凉饮料，而是只销售"冰爽"饮料，这是受美国市场上康胜（Coors Lite）啤酒的成功启发。现在，即使这个想法也会让人们觉得："冰爽？任何品牌都可以做到这一点！"确实，从理论上看，任何品牌都可以做到。然而，城堡啤酒在整个营销组合中出色且快速地创造了记忆结构，在市场中抢占先机，使其他品牌难以复制（见图 7.3）。

图 7.3　彰显产品的独特性

➤　包装：冰爽的理念在瓶子上得到了体现，"雪堡"装置表明啤酒是冰冷的，在 -4°C 时会调成蓝色。

➤　存货：在卖场中放置冰箱，确保产品是冰冷的，以达到最大的提神效果，并极大地提高产品的知名度。

➤　宣传：广告以一种高度娱乐化、无厘头和令人难忘的方式突出了冰爽的理念和冰冷的冰箱。例如，在一部广告中，在汉默（MC Hammer）的

《你不能触及》（*U Can't Touch This*）的复古音乐声中，一个可怜的酒吧伙计努力地拿着冰冷的城堡啤酒。

➤ 营销活动：通过"特冷共和国"（The Republic of Extra Cold）的宣传活动，该品牌利用了整个岛屿并为宾客创造了一系列特冷主题的体验。

➤ 更新核心产品：为了使冰爽的理念融入日常生活，该品牌创造了"冰芯"合装包，其中央的冰芯被12个罐子包围，留出最大的接触面积，产生超强的冷却效果。

多提供人们想要的东西——达美乐比萨（Domino's Pizza）

升级核心产品可以帮助品牌创造"新闻"，以吸引新的或流失的用户关注品牌，从而提高用户渗透率，同时让现有的用户对品牌更放心。一个戏剧性的例子是达美乐比萨的"比萨大反击"（Pizza Turnaround）活动。顾客们对这款比萨的负面反馈越来越多，"像纸板一样的表皮""有加工过的奶酪的味道"，还有很多反馈是"黏糊糊的、油腻腻的……但制作很快！"最初在电视和网络上播放的一系列关于品牌的忏悔影片对产品的点评毫不留情，节目组称比萨的面团像是橡胶制成的，而达美乐比萨的团队则在一旁煎熬地看着。

但是该团队通过努力，彻底改造了产品。"你不能只是添加一点盐或其他东西。我们必须用新的配方重新开始"，市场营销总监凯伦·凯泽（Karen Kaiser）评论说。[3]在此期间，他们尝试了10种饼皮类型和几十种替代奶酪，制作并测试了15种不同的番茄酱，包括添加牛至、红辣椒、罗勒和大蒜。全国性的独立口味测试表明，与主要竞争对手棒约翰（Papa John's）相比，新的意大利香肠比萨和奶酪比萨很受顾客青睐。[4]

后续的影片显示，新款比萨饼被送到了以前提供负面反馈的消费者家中，并捕捉到他们现在对新的改进产品的欣喜反应。核心产品的升级在实现连续五年的同店销售正增长中发挥了关键作用，使其与星巴克一起成为增长最快的主要快餐店之一。[5]

达美乐比萨还充分利用了数字技术来升级核心体验，包括通过在线网络，特别是移动设备进行订购，我们将在后面关于分销的训练中更详细地介绍这一举措。此外，"比萨催客"（Pizza Tracker）在线工具使顾客能够实时跟踪他们的订单进展。

少提供人们不想要的东西——麦当劳（McDonald's）

谈到健康饮食，麦当劳永远不会是榜首，它的产品是关于美味、方便的食物。然而，该公司已经投入大量资金，在不影响人们喜欢的口味的同时，使其核心产品的不健康程度降低。该公司10年营养战略的一个关键要素是升级儿童快乐餐的产品，包括重新制定食谱、扩大选择范围和提供更多的营养信息：[6]

➤ 平均含盐量：减少了47.4%。

➤ 胡萝卜条：作为薯条的替代品。

➤ 饮料：与2000年的1/2以上碳酸饮料相比，不到1/4的饮料是含糖的汽水，儿童饮料的范围扩大到果汁和水。

➤ 玩具/礼品：与英国国家识字信托基金会（The National Literacy Trust）合作，分发了数百万册图书。

麦当劳开展的名为"永远在工作"的活动说明了其所做的改变，这次宣传覆盖了电视广告、媒体、实体店，并且拍摄了六部社会短片。麦当劳英国市场营销部主管史蒂夫·希尔（Steve Hill）说："这次活动是为了改变人们的观念，让他们意识到我们的品牌和儿童快乐餐在过去几年中是如何发展的。"[7]

麦当劳核心产品的升级似乎正在发挥作用，截至2016年4月，麦当劳在英国的销售额连续40个季度保持增长。这是一个很典型的例子，说明更新核心产品是一种商业模式和工作方式，而不是一个一次性的过程。麦当劳英国首席执行官保罗·波姆罗伊（Paul Pomroy）评论说："我们不懈地专注于客户不断变化的期望，并投资于我们的员工和供应链，从而获得了十年的增长。"[7]麦当劳在美国本土市场上面对更大的挑战，但在经历了一段时间的下滑之后，该公司宣布其在2016年第三季度的销售额已经连续五个季度实现了同比增长。[8]

在信息繁杂的世界中被客户看到

品牌的视觉识别是为品牌创造独特性的核心所在。它在创造独特的品牌属性方面起着关键作用，如符号、形状和颜色。我们在之前的训练"革新核心业务"中可以看到，这些属性是如何创建所需的记忆结构以使品牌在购买点被选中的，无论是在线上商店还是在线下实体店。品牌识别远不止品牌标志和包装，它能够帮助你创造独特的品牌属性，可以在物理空间和数字空间中加速整个营销进程。

一般来说，视觉识别的作用，特别是包装设计，常常被误解。人们常常期望视觉识别能够把品牌的整体定位传达给消费者。但这种方法是有局限性的，因为它不能反映产品的实际情况。现实生活中的购物经常被错误地用来炫耀繁杂的新设计，与完美的多媒体演示文稿相去甚远。在现实中，无论是在超市的货架上，还是作为智能手机屏幕上的一个图标，你的设计都要与许多其他品牌竞争，去吸引更多顾客的注意力。更糟糕的是，还有大量的促销信息要与之竞争。

但是，如果品牌标识不是为了传达品牌的定位和关键优势，那么它到底是为了什么？线索就在名字里，它有助于消费者去识别品牌。在我们生活的这个信息爆炸的时代，要想在众多品牌脱颖而出，关键是要有一个简单的、有影响力的、与众不同的品牌标识。这使得消费者能够锁定你的品牌，有点像大脑在拍照。当我们看到一个设计时，"咔嚓"的一声，我们的快门就按下了。如果品牌标识是强大且独特的，那这个形象将作为一把打开品牌意义的钥匙，鼓励我们采取行动和进行购买。鲜明的品牌标识利用了品牌属性的力量，可以采取多种形式，包括：

> 字体——可口可乐的字体。
> 颜色——妮维雅的蓝色罐子。
> 形状——亨氏的拱心石形状。
> 符号——色拉布的小幽灵图标。
> 字母——脸书的"F"图标。

当你第一次看到这些品牌属性时，它们本身可能没有太多的品牌意义。例如，色拉布的黄色小幽灵本身并没有传达什么，这个图标本身可能传达的意思是负面的(闹鬼、鬼魂、恐怖)。相反，像这样的符号可以随着时间的推移被赋予了意义。一旦建立了记忆结构，品牌标识就会作为一把钥匙，在瞬间解开了品牌意义。在色拉布的案例中，随着时间的推移，小幽灵图标像一把钥匙，可以让用户联想到关于自发的、社交分享的、很快消失的有趣"快照"的意义。

设计也可以融合品牌的结构或"三维"要素，而不仅仅是平面视觉。事实上，结构性包装是一次提高品牌独特性和使品牌脱颖而出的大好机会。这方面的例子包括模仿水的来源地的依云矿泉水(Evian)包装和绝对伏特加的标志性酒瓶，它们曾是1400多部广告的主角。

平衡品牌所需的新鲜度和一致性——纯果乐(Tropicana)

正如本书前面所提到的，品牌核心业务的革新需要在一致性和新鲜感之间进行谨慎的平衡，而品牌标识对此影响甚大。正如纯果乐公司所发现的那样，如果不能取得平衡，改变太多，会对品牌健康产生严重影响。所谓的品牌升级并不便宜。纯果乐为新的外观支付了一笔巨款，在设计上体现了符合人体工程学的挤压概念。但是消费者对这个设计并不满意，并进行了投诉，所以新的设计只使用了 7 个星期，百事可乐公司就将其撤下。一篇文章指出，纯果乐的销售额下降了 20%。[9]其中到底出了什么问题？新的设计抛弃了两个关键的品牌要素：①纯果乐多年来在包装和宣传中使用的一个插着吸管的橙子的视觉效果；②在①的基础上，有一片叶子的品牌标志。这个标志被缩小并翻转过来，使其成为垂直的。新的设计打破了多年来建立的记忆结构，正如消费者在投诉信中指出的那样，新包装类似于"一个普通的廉价品牌"或"一个商店品牌"。由于这种品牌独特性的降低，人们无法轻易找到自己习惯的品牌，转而购买了其他品牌或超市自有品牌。如果他们喜欢自己所买的商品，特别是以较低的价格所购买的商品，那么这批消费者大概率就流失了。

审视视觉平衡

为了避免像纯果乐那样的设计灾难，品牌标识设计过程的第一步应该是仔细分析，了解品牌目前的视觉要素。这有助于你选择足够强大和独特的视觉要素，使其成为消费者在选择品牌时所建立的记忆结构的一部分。做到这一点的最好方法是使用基于"系统 1"的研究方法，比如在上一期的训练中介绍的"标志性特色追踪"工具，从而"革新核心业务"。像这样的定量研究，使消费者在很短的时间内接触到不同的视觉要素。他们没有时间进行理性思考，而是被迫自动做出反应，就像他们在典型的购买情景下那样。

一个类似于前面介绍的品牌定位框架可以总结出审视视觉平衡的结果：

➤ 保留/更新：保留或更新关键的视觉元素，它们是记忆结构的一部分，用于帮助消费者识别和选择你的品牌。

➤ 舍弃：舍弃那些增加杂乱感和复杂程度的元素，这些元素对于你的品牌从市场上脱颖而出并没有帮助。

➤ 增加：增加那些在你的品牌标识中所缺少的元素，并且需要使其更有特色。

以审视视觉平衡为起点，我们面临的挑战是如何选择和突显一两种视觉元素，这些元素是品牌与众不同的关键，同时也要剔除其他杂乱的因素。设计公司 JKR 的安迪·诺尔斯称这个过程为创造品牌魅力。这种方法的好处是，品牌的视觉本质很难被其他自有品牌复制。与此相反，如果在你的整个包装中充斥着漂亮的产品照片，这将会使你的设计更容易被复制。

审视视觉平衡是可以指导你从识别的角度平衡一致性和变化性的微妙行为。品牌识别的挑战将根据当前识别的强度和你的品牌所处的环境而有所不同。在这里，你将发现五种不同的方法：更新（针对拥有强大、独特标识的品牌）、创造（针对缺乏视觉元素的品牌）、重新定位、为品牌体验增值、包装和广告（利用整体包装进行营销）。

更新你的品牌视觉——妮维雅

在新鲜感和一致性之间有一种极端情况，那就是品牌处于令人羡慕的市场地位上，拥有一个强大的甚至是标志性的品牌形象。在这种情况下，这类品牌所面临的挑战是要尽可能地保持一致性，以建立起强大的记忆结构。一个典型的例子是妮维雅的核心产品——妮维雅面霜（Nivea Cream）（见图 7.4）。该产品于 1911 年上市，从 1925 年开始，它就被装在非常有特色的蓝色圆罐中出售。最令人印象深刻的是，自 1959 年以来，直到今天我们所看到的这些关键视觉要素，已经持续使用了 50 多年：

➤ 蓝色的外观。

➤ 英文字母大写的妮维雅名称。

➤ 以相同字体书写的"Creme"。

➢ 同样的圆形罐子。

➢ 纯粹、简约的设计。

图 7.4　妮维雅坚持 50 多年的包装

妮维雅的所有者拜尔斯道夫集团（Beiersdorf）对品牌强大视觉形象的重视反映在公司的战略计划名称上——"蓝色议程"。在妮维雅进军彩妆市场失败后，该计划的制订是为了将业务重点重新放在成为护肤品领域的"领头羊"上。用首席执行官海登赖赫（Stefan F. Heidenreich）的话说："'蓝色议程'确定了我们未来的方向，我们将妮维雅的重心重新聚焦在增长其核心价值上，这让我们获得了清晰的思路和新的潜力。"[10]

创造你的品牌标识——查理·比格姆（Charlie Bigham's）

新鲜感与一致性之间的另一种极端情况是品牌缺乏一个强大的标识。在这种情况下，品牌面临的挑战在于创造一个独特的标识，且这一标识是建立在某种形式的品牌特性之上。这种品牌特性可能与产品的名称、产品的来源、关键的优势或产品的制造方式有关。

查理·比格姆就是一个创造品牌标识的例子。这家规模虽小但发展迅速的英国食品公司是以其创始人的名字而命名的，创始人经营着公司并领导食谱研发。查理·比格姆的食品很美味，都是现成的，如茄盒、烤宽面条和馅饼。食物的包装精良，例如，馅饼装在你可以重复使用的搪瓷罐里。它可以提供优质的双人晚餐，而价格相比外出就餐却便宜很多。

当汤姆·奥尔彻奇（Tom Allchurch）出任首席执行官时，该品牌的形象很好，但不是很有特色。最初的定位工作确定了这样一个品牌要素：当孩子们终于被打发上床睡觉后，为忙碌的夫妇提供一个享受二人世界的机会。他们想要一些比普通的即食食品更美味的食物，但没有时间或精力从头开始做饭。查理·比格姆本人从包装上对该品牌的作用做了中肯的总结。他说："我创造了这个全新的系列，专门为夫妇们提供了共度时光的机会。他们只需要关掉手机，调暗灯光，打开一瓶酒，就可以在美味食物的陪伴下，享受美妙的夜晚。"由此，该品牌与代理公司 Big Fish 一起设计的新包装使用了一对卡通夫妇的形象，名为"二人世界"（The Twosomes），这一形象很有特色（见图 7.5）。每一款包装都有一个不同的搞笑卡通形象，这有助于该品牌在其他的优质即食食品货架上脱颖而出。翻开漫画页，里面有一张令人胃口大开的菜肴图片和查理·比格姆的寄语。这些包装在拥挤的超市货架上真正地做到了脱颖而出和充满独特性。测试表明，该品牌的销售量明显提高，该包装也得到了市场的认同。重新推出后的 18 个月，收入增长了 170%。"二人世界"有可能成为一个真正强大的品牌形象资产，可以在不同的媒体上使用，特别是在网络上。

改造前的包装	改造后的包装	改造后翻开漫画页的内部产品图

图 7.5　创造与众不同的品牌标识

重新定位—— Green & Blacks 巧克力

比放大你的品牌优势更进一步的举措是利用品牌标识对其进行重新定位。Green & Blacks 的重新定位使其从一个小众的品牌巧克力转变为一个高端的品牌。该品牌的有机证书和高达 70% 的可可含量所散发出的苦甜味，短暂地吸引了一部分消费者。然而，由于其设计强调了品牌的社会责任证书，而不是口味，导致它的市场份额仅有 1%。该品牌主要在专业商店销售，而当它在超市销售时，则被限制在有机区的货架上。新的设计帮助该品牌重新定位，从有价值的有机巧克力到豪华的优质巧克力，以享受为主导，有机证书成为让消费者放心消费的理由。这一举措使品牌的销售额从 450 万英镑增加到 5000 万英镑，该品牌最终被吉百利收购。

增加品牌价值——摩顿布朗(Molton Brown)

摩顿布朗礼品套装的研发故事表明，品牌标识能够增加用户使用体验的价值。这个品牌的高级洗护用品在高档酒店和哈罗德百货(Harrods)或萨克斯百货(Saks)这样的高档商店里销售。过去，圣诞礼品套装是相当一致的，包装盒大多是无趣的盒子或透明的袋子，里面放着不同产品套装(洗发水、沐浴露等)。然而，摩顿布朗通过与终端用户(主要是女性)和购买者(主要是男性)的沟通发现，这些圣诞套装有点像次等礼物，即当缺乏选礼物的创意时，这些圣诞套装是一种无可奈何的购买选择。

在这些见解的基础上，品牌对产品进行了改造，通过设计，制作出了一系列让所有人都会自豪地送出或高兴地收到的精美包装盒。让我们看下这个步骤中真正的闪光点——通过去掉外部品牌包装，并添加上花哨的丝带，盒子甚至都不需要包装了。此举带来的商业利益是巨大的，一是精美的包装盒销量增加了几倍；二是该品牌能够以更高的价格收取额外的利润；三是商店很喜欢这种包装，因此建立了巨大的展示架，提高了品牌知名度和销售额。

包装广告——天真果汁（Innocent）

正如之前所讨论的，品牌标识的主要作用不是传达一个品牌的定位。相反，它的关键作用是使一个品牌与众不同，因此更有可能在消费者购买时被选中。然而，除了正面的部分之外，你可以利用包装的其他部分作为一种营销媒介，我们称这种方法为"包装广告"。这种方法最常被那些负担不起昂贵广告的小品牌使用，最具代表性的例子是天真果汁品牌。

**图7.6　包装广告的
经典案例**

与传统的包装相比，每一瓶或每一盒天真产品更像是一本迷你杂志。包装上的文案一直是传达该品牌纯真、轻松和友好特性的主要营销渠道。然而，重要的是要注意到天真品牌面向消费者的实际包装正面是品牌名称和天真品牌的"天真"标识，这是一个简单、干净的标识案例（见图7.6）。

这种做法是非常机智的，但其中较难完成的是，这种包装文案每隔几个月就需要发生变化，引起消费者的兴趣并参与互动。以下是一些例子：

➤ 瓶盖上写着"享用"，而不是"使用"。

➤ 配料表上写着"25个蓝莓、10个覆盆子等"。

➤ 关于如何健身和偷懒的技巧（如坐在马桶上时膝盖弯曲）。

➤ 在纸盒顶部的折叠处写着"给我们发电子邮件：iamnosey. innocent. co. uk"。

➤ 产品声称：我们不使用人工色素、香料或防腐剂。如果我们使用，你可以告诉我们的妈妈，虽然这样做可能会引发家庭矛盾，但父母的感情不会被破坏。

许多品牌都曾试图复制天真果汁的宣传方法，但都失败了。在与该品牌的创意天才丹·杰曼（Dan Germain）交谈时，我们得到了一些关于为什么会出现这种情况的见解。丹·杰曼有一个由15人组成的内部创意团队，专门负责该品牌。这些人比任何外部机构都了解这个品牌，他们在包装背后投入了大量的资源，平均每天写一套新的包装文案。因此，在尝试效仿天真果汁的包装之前，请检查你是否有合适的创意资源来支持长期创作，而不是进行一次性营销。

家族纽带——雀巢咖啡与红牛

你已经看到品牌标识是如何要求在新鲜感和一致性之间取得平衡的，当品牌将核心产品发展为新产品时（我们将在后面重新讨论这个问题），就需要进行另一种平衡。这个品牌识别任务的别致名称是"产品向导"。在这里，平衡行为必须处理两个相互冲突的目标：

➤ 导向：明确新产品的定位，使其易于被消费者找到。

➤ 主品牌标识：尊重核心品牌标识，借鉴和强化记忆结构，使新增加的产品看起来像是品牌家族的一员。

"产品向导"应该直观地、立即地起效，这样人们就可以自动选择和购买。我们看到许多品牌团队花了许多时间争论给一个系列的不同产品取什么名字，以及在包装上详细写什么。然而，这样的文字很少会被消费者想起。例如，与真正的消费者谈论他们购买的产品，他们可能会说这款产品是"蓝色的"，而不是这款产品上"具有保湿效果，修复干枯受损发质"的介绍。这并不是说产品的命名不重要，第一次购买产品时，人们可能需要详细查看包装。然而大多数时候，为了帮助人们快速找到他们想要的东西，其他的品牌识别元素会比产品名称更为重要。

我们在本书前面提到的雀巢咖啡系列的例子有助于说明"产品向导"的实际作用（见图7.7）。系列产品的一致性来自于每款包装上相同位置的白色雀巢标志。用来引导产品的关键元素是：

➤ 结构性包装：原味、金装速溶、异国风情系列的罐子形状不同（有的用黑色的盖子以展现高级性，Azera 系列咖啡的包装是铝罐）。

➤ 定价：每克价格相差 30%～70%。

➤ 包装图案：日常包装、特别包装、独家包装。

➤ 系列产品名称：原味咖啡、金装速溶咖啡、Alta Rica 系列咖啡、
Azera 系列咖啡。

优质款=3.10英镑　甄选款=3.70英镑　顶级款=3.99英镑　大师款=4.99英镑

图 7.7　使用品牌标识的"产品向导"

红牛的 Editions 系列在平衡品牌一致性和引导便利性方面做得不是很
到位。根据该品牌的广告，蓝莓口味和橙子口味的红牛饮料提供了"全新
的口味，同样的能量"。Editions 系列的品牌宣传没有使用自己作为世界上
最强的品牌之一所具备的几个关键元素（见图 7.8、图 7.9）。

红牛	vs.	Editions系列
1. "四象限"风格的图案设计	vs.	色块的图案设计
2. 红色、银色、蓝色	vs.	银色或蓝色
3. 两头相撞的公牛	vs.	一头公牛的局部身体
4. 红牛的品牌名是红色的， 位于包装的中心位置	vs.	红牛的品牌名以竖排 小字的形式呈现

图 7.8　红牛原包装与 Editions 系列包装的区别

通过打破原先产品的元素，产生了"蓝色系列"和"红色系列"两款新产
品。新产品包装可能会因为被明显视为红牛的延伸产品而错失机会。相比
之下，无糖版包装实现了更好的平衡——保留了品牌标识关键元素的 3/4

Editions系列包装：失败案例　　　无糖款包装：成功案例

图 7.9　建立品牌标识的失败案例与成功案例

（象限、名称和公牛），只改变了颜色。你可以在货架上区分无糖款和经典款，但无糖款的包装看起来仍然是红牛。

真实世界测试

　　了解品牌标识和包装设计在现实世界中是如何运作的，对于如何开发和研究创意有着重要的意义。我们见过许多只关注包装设计的团队，他们在工作中是毫无用处的。他们通常只会问"你对这款新设计有什么看法？"鼓励受访者以深思熟虑的方式进行思考，然后设计团队会借机了解受访者在购物时没有考虑到的其他方面。更糟糕的是，包装设计常常是单独展示的，而不是在货架上的真实环境中展示的。然后，消费者会花 10 分钟、15 分钟甚至20 分钟盯着设计，而不是在现实生活中花 30 秒购物，这导致测试结果更加无效。最后，消费者开始像创意总监一样，对字体、颜色的深浅等提出意见。对此，我们提出以下建议：

　　➤　根据具体情境看待设计：避免在多媒体演示文稿中孤立地看待新的设计，特别是与当前的包装或替代设计一起，因为消费者永远不会面对这种情况。相反，可以模拟一个货架，将新包装放在一个充满竞争的环境中。

　　➤　禁止"选美比赛"：很多时候，团队会就他们是否喜欢或不喜欢一件新的设计作品展开辩论。然而，这完全忽略了品牌标识的作用。设计不是为了让人喜欢而存在的。正确的问题是："这个设计如何有效地帮助消费者快速、轻松和自信地购物？"

➤ 进行"5分钟焦点小组"讨论：不要再进行冗长的小组讨论，这会让消费者过度评论包装，最后让他们像创意总监一样行事。如果你对设计进行了高质量的研究，那么就让消费者在模拟的货架上看到新包装。观察他们拿起什么，以及新包装是否有助于他们更容易地找到这个品牌。如果你让他们看你的包装设计，不要超过30~40秒。把包装收起来后，询问消费者对这个包装的初步反应和记忆点。

➤ 量化的可寻性测试：如果要对新的包装设计进行定量测试，请把重点放在"可寻性"上，计算消费者在模拟的货架上找到你的新包装的速度。通过这种方式，你可以计算包装设计的"关注度"和你的"货架空间"。网络研究的进步使得这种测试比以前容易得多，成本效益更高。删去有关品牌形象宣传和受欢迎程度的问题，因为这些衡量标准与品牌标识的真正作用无关。

📝 主要收获

1. 壮大核心业务最有效的方法是将品牌的独特性融入产品或服务中。

2. 独特的品牌标识对于帮助你的品牌在众多品牌中脱颖而出至关重要。

3. 无论是产品还是品牌标识，发展核心业务需要在一致性和新鲜感之间取得适当的平衡，但这需要基于品牌的健康状况。

反省清单七：将品牌融入产品中

· 你是否在你的产品或服务中融入了品牌元素，使其与众不同？

　□是　□否

· 你是否考虑过升级产品，给人们提供更多他们想要的产品，或者减少他们不想要的产品？

　　☐是　☐否

　　·你进行了视觉平衡分析，以确定你的品牌标识所需要的新鲜感和一致性得到了正确平衡？

　　☐是　☐否

　　·你研究过你的品牌标识如何在实体店、货架上或网上发挥作用，并避免了孤立地审视它的陷阱？

　　☐是　☐否

接力棒

　　我们现在已经看到了如何在你的产品和服务中展现品牌特色，以及如何创造一个与众不同的品牌标识。接下来，我们将继续研究如何通过独特的推广手法和营销方式来为你的营销提供动力。

第八章
训练八：涡轮式营销

　　许多营销计划仍然是在"孤岛"中建立的，社交媒体、数字媒体和其他营销方式(广告营销、体验式营销、促销)是分开规划的。由于社交媒体平台的大肆宣扬，这一渠道可能会被过度强调，而忽略传统媒体。涡轮式营销计划通过设置活动环节，使你的品牌理念和属性在一段时间内不断得到展现，从而使你的营销投入得到更多的回报。各代理商根据一份单一的、有启发性的简介进行合作，使各个方面都能相互增益。

为营销计划进行涡轮增效

许多营销团队在制订营销计划时，仍然将组合中的每一部分以及创建计划的每一个部门放在独立的"孤岛"中工作。这可能会导致品牌信息的分散和淡化。特别是数字媒体和社交媒体经常被当作独立的活动，占用的时间、需要的人才和精力远超预期。另外，随着时间的推移，品牌往往会改变宣传活动。这就造成了进一步的分裂，并阻碍了记忆结构的建立，正如我们在之前的训练"革新核心业务"中提到的移动网络品牌 Orange 的案例。

"涡轮式营销"计划的建立方式有所不同，它能提供更多的收益。这种方法的灵感来自于好莱坞电影和电视节目。成功的影片，如《绝命毒师》（Breaking Bad）、《权力的游戏》（Game of Trones）、《纸牌屋》（House of Cards），通过保持基本相似的故事情节，在多季中保持高收视率。其他一些关键创意也在一段时间内保持一致，如主题音乐、环境和主角。同时，每一集都讲述了一个全新的故事，每一季都会发生剧情的转折和角色的演变。

"涡轮式营销"计划的工作方式与此类似，在一个品牌规划周期内，通常是一年，相当于一季电视节目，设置一系列的品牌活动环节。这些环节可能是以宣传活动为主导的，比如杰克·丹尼威士忌为庆祝品牌 150 周年而举办的"全球寻桶活动"。在 50 个国家的当地脸书页面上的线索，帮助"粉丝"找到了隐藏的威士忌酒桶，让他们有机会赢得独特的、专门设计的奖品。其他环节是以产品为导向的，如最新款苹果手机的发布。还有一些以营销为主导的环节，对品牌进行定位或重新定位，如爱彼迎"不是去过，而是生活过"的活动。

有些活动的持续时间是有限的，比如天真饮料的冬日"大针织"慈善活动，在瓶子上添加了可爱的小毛线帽（见图8.1）。每卖出一瓶就会为帮助老年人的慈善机构筹集50便士。这些独特的瓶子在货架上很显眼，同时也让品牌的关爱之心得以体现。"大针织"慈善活动是一个典型案例，随着时间的推移建立了品牌资产，它已经连续举办了13年，总共有600万顶帽子，为慈善事业筹集了190万英镑。其他的活动则更具有连续性。这类活动可以是一个专注于品牌故事的持续的"主题宣传"，或者是一系列"永远在线"的活动，例如博柏利的"风衣的艺术"，专门捕捉、策划和分享穿着风衣的美照。

图 8.1　与众不同的活动环节

"涡轮式营销"计划有两种关键的方式来提高有效性：首先，一系列的活动环节在一段时间内创造了独特的一致性。其次，在每一环节中，我们不仅要实现各种市场策略的整合，更重要的是实现它们的放大效应。

新鲜感与一致性

"涡轮式营销"计划创造了"新鲜感与一致性"，这是我们在训练"革新核心业务"中介绍的一个概念，有助于通过建立和加强独特的记忆结构来提升效率。

新鲜感

新鲜感是创造具有突破性的营销的重要部分。与"当下"相关，使你的品牌与用户的日常生活关联。其中巨大的挑战是，如何使品牌对新鲜感的追求不会影响到营销计划的连贯性，这是许多品牌面临的共同问题。在以新鲜有趣的方式为消费者带来"新消息"的同时，还需要在品牌理念和品牌属性方面保持一定的一致性。

一致性

一致性的第一个来源是随着时间的推移，令消费者信服的品牌理念被赋予生命。吉百利印度公司通过使用一个名为"自发的生命庆典"的品牌理念，在超过15年的时间里实现了指数级增长。该品牌通过增加成人消费，改变了传统的印度糖果销售方式，从而促使该品类增长。随着时间的推移，广告活动有不同的侧重点，甚至有不同的标语，以反映文化、市场和商业需求的演变。而在每个活动中，都有不同的执行方式。但品牌理念和品牌属性，如颜色和音乐，仍然是一致的（见图8.2）。第一阶段："让我们吃点甜点"，提出了自发的、热烈的小型庆祝活动的概念。第二阶段："饭后吃点甜食"唤起了印度人对甜食的喜爱，将吉百利定位为理想的甜点。第三阶段："祥瑞的开端"利用了一种文化洞察力，即印度人传统上认为在新的活动开始之前吃点甜食会确保活动顺利结束。

一致性的第二个重要来源是独特的品牌属性，正如前面的训练"革新核心业务"中所提到的。这些属性包括产品与服务、视觉识别、营销活动和宣传。关于宣传特性的具体类型，如图8.3所示。例如，英国零售商英百瑞在10年内制作了100部广告，由电视大厨杰米·奥利弗（Jamie Oliver）出演，包括圣诞节活动、推出优质的"尝出不同"系列活动和"五元养活一家人"促销活动。

随着时间的推移，品牌属性可以被赋予意义，因此它们不仅可以使产

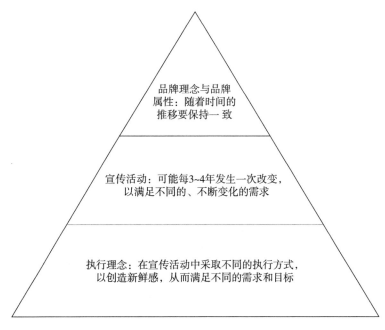

图8.2 随着时间的推移，即使营销活动有变化，品牌理念也要保持一致

名人代言：约翰·特拉沃尔塔（John Travolta）为百年灵（Breitling）手表代言
代表人物：Andrex卫生纸的可爱小狗形象
颜色：可口可乐的红色，百事可乐的蓝色
包装形象：绝对伏特加的瓶子
广告词："一天一颗玛氏巧克力，保你工作、休息、娱乐随心意"
音效：英特尔的"编钟"音效
口号：尊尼获加的"永远向前"
标识：舒耐的"对勾"标识
创始人：Ben & Jerry's

图8.3 品牌的宣传特性

品具有辨识度，还可以引发对品牌的联想。例如，看到耐克的"钩子"标识就会立即产生品牌联想，如成就、胜利和体育明星。

从整合到扩大化

"涡轮式营销"计划提高有效性的第二种方式是超越整合，扩大每个环节的营销影响力。各个环节的不同部分(电视营销、社交媒体营销、公关营销、体验式营销)不仅仅是为了让产品看起来和感觉上一致，它们可以被协调起来以提高彼此的有效性。图8.4展示了英国方便面品牌Pot Noodle的"你能做到"活动。这个定位在功能层面(只需一个水壶和三分钟就能做出来)和情感层面(你能做出来，我们可以帮助你实现雄心壮志)都起了作用，正如我们在前面的训练"有目标的定位"中提到的那样。这一活动的重新发布使产品的市场份额上升了1.5%，是使用了统一的品牌理念和一系列的区别属性，并利用不同媒体来相互扩大效益的一个典型案例。[1]

➤ 电视营销：一部名为《拳击手》(*Boxer*)的电影拉开了活动的序幕，讲述了一个年轻人梦想在拳击场上取得成功的故事。有趣的是，他的梦想不是成为一名拳击手，而是成为在休息时拿着写有下一回合号码的标语牌，在拳击场上走来走去的人(通常是女性)。这部影片有很强的情感吸引力，并将品牌融入故事中，59%(一般标准是41%)的人认为这部电影使他们对品牌有了不同的看法。

➤ YouTube：这部电影是一个典型的娱乐性宣传案例，这个话题我们将在本章后面会探讨。《拳击手》是连续两周播放量排名第一的视频，获得184686次分享、180万次观看。

➤ 推特：包括《态度》(*Attitude*)杂志和佩雷斯·希尔顿(Perez Hilton)博文在内的有偿广告推广，进一步扩大了品牌故事的影响力。以"你能做到"为话题的活动获得了2900万次浏览，其中92%是16~24岁的核心目标人群。

➤ 移动和在线广告：鼓励年轻受众采取行动，如"减少烹饪时间，赢得更多时间"。

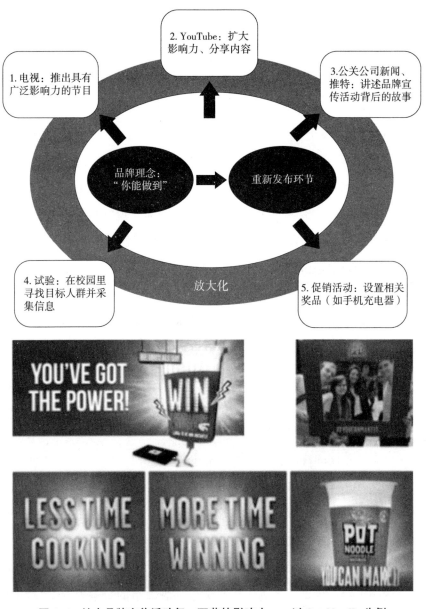

图 8.4　扩大品牌宣传活动每一环节的影响力——以 Pot Noodle 为例

➤　抽样调查：访问了 20 所大学，向成功完成学业任务的学生发放了 10 万份 Pot Noodle 品牌方便面。

➤ 包装上的促销：兑换 Pot Noodle 产品形状的手机充电器，做到"让手机全天保持 100% 电量"。超过 20000 个 Pot Noodle 手机充电器通过包装上的促销活动被兑换（兑换率为 14%，而行业平均兑换率为 3%~4%）。

➤ 实体店：以专业的、具有高度影响力的展示方式进行推广。

"涡轮式营销"计划需要动员更大的业务团队和创意机构。制订营销计划成为一个合作的旅程，它会积累能量而不是耗尽能量。而且，创意可以来自任何渠道，而不仅是从电视广告开始，可以在其他媒体上执行。"涡轮式营销"的成功因素包括以下四个方面：一是关键职能部门和机构从一开始就全部参与计划的制订流程；二是通过身临其境式的洞察力来激发人们的兴趣；三是通过协作性的、创造性的研讨会来相互交流想法；四是明确最后期限，使每个人都能按部就班工作。

现在，我们将更详细地研究如何确保你的"涡轮式营销"计划中的每一环节的活动都尽可能地强大，简单概括为 BRAnD，即品牌化（Branded）、相关性（Relevant）、扩大化（Amplified）和独特性（Distinctive）。

BRAnD 营销环节——卡林啤酒的"成为教练"活动

图 8.5 显示了南非领先的啤酒品牌——卡林啤酒的品牌营销计划。品牌的目的是"激励、鼓励和奖励男人成为生活中不同领域的冠军"，这一理念一直持续了五年多。一致的品牌属性包括品牌口号、红色和黑色的包装颜色以及奖杯的视觉图样。第一个是以产品为主导的营销活动，强调"冠军口味挑战"，以加强消费者对该品牌口味极佳的印象。第二个是"成为社区冠军"的活动，侧重于品牌社会责任。第三个活动，也是最重要的活动，是"成为冠军教练"的活动。在这里，消费者实际上可以为参加赛季前期本地德比的球队挑选球员，这是南非两个顶级足球俱乐部奥兰多海盗队

（Orlando Pirates）和凯泽酋长队（Kaizer Chiefs）的比赛。我们很荣幸能与该团队合作，在这一营销活动中，第一年就产生了1100万条宣传记录，在随后的几年里增长到2000多万条宣传记录。这场活动振兴了该品牌，并使其赢得了"全球最佳移动营销奖"（The Best Global Mobile Marketing Award）。我们将聚焦"成为教练"活动，探讨如何打造品牌营销活动。

品牌理念：冠军男人值得拥有冠军啤酒

环节1：成为"卡林杯"　　　环节2：成为当地社区冠军　　环节3：冠军口味挑战
　　的冠军教练　　　　　　　（以社会使命为导向）　　　（以产品为导向）
（以活动为导向）

一致的品牌定位
和品牌属性

图8.5　像电视剧制作人一样创作品牌故事

品牌化

每一个活动都应该将品牌的中心理念生动地呈现出来。通过"成为教练"活动，卡林啤酒扮演了一个英雄角色，其品牌的参与度远远超出了为赛事或球队代言的典型赞助活动。在这里，该品牌为其消费者创造了一个"金钱买不到"的机会，使"冠军男人值得拥有冠军啤酒"的品牌理念更加生动。首先，"成为教练"活动通过挑选球迷们想要的球员加入他们属意的球队，来展示他们想要了解这项运动的欲望。其次，该活动本身就是为了争夺冠军，胜利的球队将赢得卡林杯。最后，购买品牌产品需要活动的参与度。

这种类型的品牌营销活动增加了品牌资产，与传统的基于价格的促销活动，如"买一送一"（Buy One Get One Free，BOGOF）或"七五折"形成鲜明对比。像这样的价格促销是"品牌的兴奋剂"，这些活动最初让你兴奋，但随后你就会崩溃，对销售影响有限或没有影响。它们对你的品牌健康不利，而且它们是一个非常消耗金钱的习惯。据估计，英国的品牌每年会产生令人难以置信的 140 亿英镑的折扣。[2]

相关性

品牌营销活动需要与你的消费者相关，结合情感上的诉求和与品牌相关的功能卖点。情感诉求是有效营销的关键，正如 IPA 在 25 年内对 880 个案例的研究表明的那样。[3]一方面，具有情感诉求的营销活动在市场份额、利润、用户渗透率和记忆结构的创造等关键指标上表现得更为理性。另一方面，品牌的产品或服务也需要宣传，Thinkbox 的研究指出，"品牌应该是故事的内在因素。与仅有微弱存在感的广告相比，把品牌线索穿插进去的营销，会使消费者的记忆力加深 9%"。[4]如果没有强大的品牌联系，我们就会出现书中之前讨论过的"赞助娱乐"问题，即在娱乐性的内容中，品牌只是在最后作为一种附加的内容被展示出来。

卡林啤酒团队在制订"涡轮式营销"计划时，从情感诉求和品牌联系的角度探索了许多不同的"激情点"。这些项目包括足球、橄榄球、音乐、汽车和科技。所有的激情点都有一定程度的情感吸引力，例如足球是南非最受欢迎的运动，球迷们会花好几个小时来讨论谁应该上场、谁不应该上场。

团队还研究了与每个激情点相关的使用场合，以确保活动有相关的"背景"，且与品牌和产品有明确的联系。体育再次成为与产品最相关的话题，特别是足球。在现场或电视上观看比赛是喝啤酒的最重要场合之一。

结合对品牌、消费者和产品使用场合的分析，得出了对这一活动的见解："我对无法影响球队的选择感到沮丧……如果我能够在帮助我的球队获胜方面发挥更积极的作用就好了！"（见图 8.6）"成为教练"活动建立在这一深刻见解的基础上，为消费者增加了真正的价值，而不仅仅是品牌的名

称和标志，它将互动性提升到一个全新的水平。它允许足球迷通过手机以
USSD（一种短信形式）形式投票来选择参赛的球队。

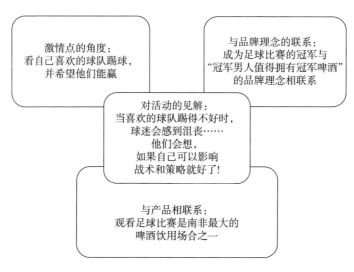

图8.6　对活动的深刻见解

扩大化

"涡轮式营销"计划让营销活动的每一环节都能为其他环节增益，正如
前面所讨论的。扩大营销影响力的阶段不仅需要考虑活动本身的启动，比
如案例中的足球比赛，还需要考虑执行活动前后的阶段。

活动前＝预想。在7月比赛开始之前，宣传该活动，让所有人在参加
之前就了解到活动内容，确保品牌从这个创意中获得最大的收益。电视广
告"点燃"了这一活动，鼓励消费者购买卡林啤酒，并获得一个代码，通过
手机为他们选择的球队投票。一旦他们投票，他们可以在社交媒体上分享
他们的投票举动，并在品牌网站上查看投票状态。这一创意为卡林啤酒创
造了价值约为800万英镑的重要公关报道。与这两个足球俱乐部建立战略
联盟，让该品牌能够利用它们庞大的球迷基础。

活动中＝启动。实际的比赛在索韦托足球城体育场举行，有超过 8 万名球迷观看。该活动在国家电视台进行转播，获得了显著的品牌曝光度。但现场活动中最富有新意的一点是，球迷们可以通过手机投票，选择所属意的球队在中场休息后上场的人选。我们扩大了整体营销活动影响力，现场体验的效果通过利用电视直播来调动手机的参与度而得到强化。

活动后＝沉浸其中。这是一个经常被忽视的阶段。在卡林啤酒的案例中，"成为教练"活动的视频被拍摄下来并在网上分享，这也被用来为下一年的活动建立预期。

独特性

每个营销环节都应该有助于建立和强化独特的记忆结构。"成为教练"的活动与"成为冠军"的品牌理念相联系，使用了品牌标识中的奖杯和黑红两色。此外，品牌的目标应该是创造可使用多年的"可复制的"品牌属性。这意味着要克服团队每年重新制订营销计划的倾向，因为他们错误地认为消费者在接触一次营销计划后就会感到厌倦。实际上，营销团队比消费者更容易感到厌烦。他们觉得需要新奇的东西，但在这样做的过程中，产生了很多变化，以至于没有形成记忆结构。"成为教练"连续进行了五年，在这段时间内产生了更高的消费者参与度。卡林啤酒团队在一段时间内巧妙地革新了品牌属性，以保持消费者的兴趣，同时增加了产品销量和客户量。例如，有一年，通过购买 12 包啤酒，可以一次性地为整个团队投票。另一年，在活动中增加了团队队长给投票者的语音留言。

 5 分钟的训练

以品牌最近或计划中的营销活动为例，查看你在活动执行之前、执行期间和执行之后扩大营销影响力的计划。你是否在执行活动之前扩大营销影响力以建立预期效果，在活动执行之后通过扩大营销影响力以使人们沉浸其中？

在了解了如何使营销活动具备品牌化、相关性、扩大化和独特性的环节之后，我们现在将探讨媒体融合这一热门话题，特别是社交媒体的作用。

正确对待媒体融合

我们将从这一章节开始探讨我们不同意那些数字末日论者声称"传统媒体正在消亡"的观点的原因，然后再继续了解如何在你的营销计划中进行正确的媒体融合。

电视的持久性作用

耸人听闻且容易制造恐慌的新闻标题预言数字媒体和社交媒体在当今社会将占据主导地位，它们认为传统媒体将彻底消亡。然而，透过炒作，一幅不同的画面出现了。有确切的数据表明，至少在可预见的未来，传统媒体仍将发挥重要作用。

➤ 影响范围：一些数字专家认为，在当今社会品牌能成功的关键是与顾客建立更深的联系，从而提高他们对品牌的忠诚度。然而，提高用户渗透率实际上是品牌发展的关键，正如我们在"革新核心业务"中提到的那样。IPA 的一项长期研究表明，注重提高用户渗透率的活动的效果是注重提高忠诚度的活动的两倍。[5] 提高用户渗透率意味着尽可能多地接触用户，而这正是电视仍然是主流媒介之一的原因。例如，在英国，电视媒体的用户明显多于其他媒体（包括社交网络），每天观看电视的人也更多（见图8.7）。在美国，电视媒体每月接触的用户有 2.85 亿人，约是智能手机（1.22 亿人）和电脑（1.33 亿人）所接触用户的两倍。[6] 并且，电视媒体的覆盖率并没有像一些数字专家所说的那样下降，与 2011 年相比，2015 年英国总人口(电视媒体覆盖率为 91%)和 16~34 岁人口(电视媒体覆盖率为 88%)的电视媒体覆盖率都较高。[7]如果你的产品定位是针对主流受众，而不仅仅针对年轻受众，那么电视媒体就显得特别重要，因为脸书对 35~49 岁和 50 岁以上人群的影响力有限(见图 8.8)。[8] 50 岁以上的用户看起来似乎没有"千禧一代"受到的影响大，但他们对整个市场却非常重要。例如，在英国，50 岁以上的人群占总人口的 35%，占消费支出的 40% 以上，并且财富占有率达到 75%。[9]正如恩德斯分析公司(Enders Analysis)的伊恩·莫德(Ian Maude)观察到的那样，"有了电视，你可以通过一个强大的广告平台在短时间内接触到几乎整个国家。但在互联网上，受众会比较分散"。

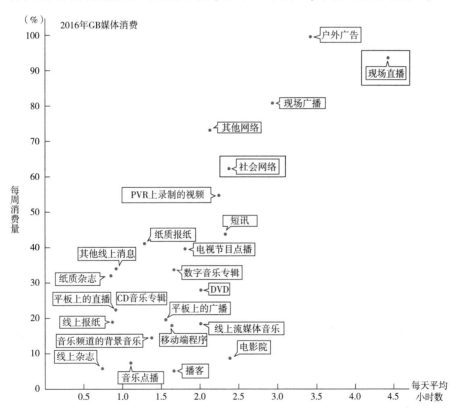

图 8.7　不同媒体(含电视媒体与社会媒体)的用户覆盖率

资料来源：*Touch Points* 2016。

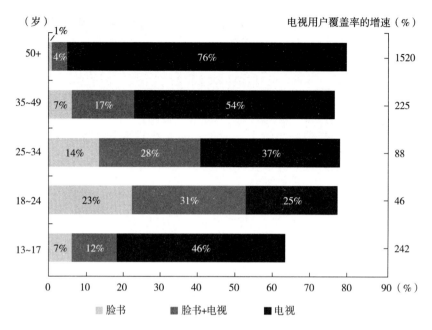

图 8.8　2014～2015 年在脸书上添加电视内容可以提升用户覆盖率

・情绪：情绪是创造记忆结构的关键，正如我们之前看到的，超过 75% 的人表示电视广告最有可能让他们笑、哭或激动，而只有 6% 的人认为互联网广告能让他们产生这些情绪反应。

・投资回报率：根据可口可乐前首席营销官马科斯·德·昆托（Marcos de Quinto）的说法，"电视仍然是投资回报率最佳的媒体渠道"，每花费 1 美元，回报率为 2.13 美元，而数字广告的回报率为 1.26 美元。[10]

・质量控制：就在我们写这本书的时候，媒体爆发了一场风暴，是关于头部公司的在线广告被投放在对其品牌有高度损害的网站上。这个问题因为"程序化"购买的兴起而变得更加严重，因为这种购买方式可以让内容在高流量网站上自动投放广告。

数字世界中的市场营销

在我们的研究中，90% 的市场营销总监表示，传统媒体渠道仍会被作为数字媒体或社交媒体的补充，而不是被它们取代。我们的挑战不在于"数字营销"，而在于"数字世界中的营销"。对这种方法的支持来自于 IPA 数据库。仅仅依靠"自有媒体"(如品牌在脸书、Instagram、YouTube 上的营销活动)和"口碑媒体"(如线上/线下的公关和消费者在社交媒体上的宣传)的活动所产生的在线"热议"，要比那些将这类媒体与"付费媒体"(如电视或数字广告)相结合的活动少得多，如图 8.9 所示。[5]

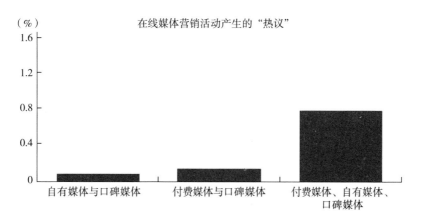

图 8.9　媒体融合的影响力

　　英国零售商约翰·路易斯的圣诞活动就是使用混合媒体进行宣传的一个成功案例。2016 年制作的营销广告是 YouTube 上观看次数最多的圣诞广告，在本书英文版出版时已有 2100 万次观看。[11]这种成功不是一蹴而就的。在六年中，制作营销广告这项活动为品牌增加了 26% 的客户数量，即每投资 1 英镑，估计可获得 8 英镑的利润。[12]在营销活动期间，活动的理念始终如一："这个圣诞节，在约翰·路易斯买礼物，给重要的人更多爱。"独特的品牌属性也是一致的，包括使用原声版本的音乐、叙事结构和相似的结尾。给客户的新鲜感来自每年新的活动执行方式，制作的每部广告都巧妙地融合了品牌调性，牵动着人们的心弦。例如，在 2015 年的《月中人》(Man in the Moon) 中，一个小女孩把望远镜送给了外太空的一位孤独老人，为了让他能看到地球。

　　大量的网络话题并不是为了赢得我们所说的"虚拟奖券"，只是创造了一些有趣的内容，并希望人们分享它。确切地说，约翰·路易斯公司采用了"分销优先"的方法，像好莱坞大片一样，从开始宣传到首映之后，都计划了线上和线下的公关活动(见图8.10)。

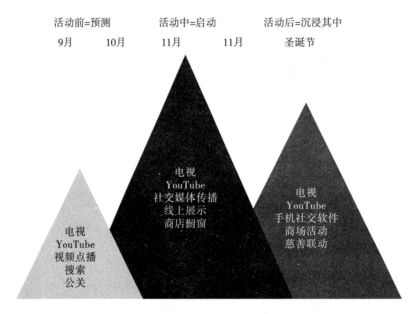

図 8.10　约翰·路易斯为扩大营销影响力使用混合媒体进行宣传

　　活动前＝预测。电影上映前的营销广告报道是经过精心安排的，以便在影片最终发行时，促进在线观看、分享和口碑传播。公关也是事先联系好的，主办方会先送记者和博主一些有趣的礼物，以引发他们对影片的好奇。例如，《旗帜晚报》(Evening Standard)刊登了一篇题为《约翰·路易斯的圣诞广告何时发布?》的文章，这有助于建立用户的预期并为其制造"预约观看"广告的机会。[13]约翰·路易斯公司还在电视黄金时段播放了一个10秒钟的片段，附上了神秘的标签来引发观众的好奇心，并在网上发布了"刮刮乐"广告。

活动中＝启动。电影在 11 月第一周的电视黄金时段首次亮相。大量的投资投入到内容制作和媒体宣传上，其中电视广告支出占营销活动整体支出的 88%，占广告浏览量的 97%。"电视是该计划的核心，因为只有电视才能提供我们所需要的观众规模。"创意机构 Adam & Eve DDB 评论道。电影的情感吸引力、巨大的期待和巨额的媒体支出共同推动了大量的在线分享，在 2015 年，电影发布后的 48 小时内，有 124000 条推文在讨论这部电影。超高的 YouTube 浏览量通过媒体报道创造了更多的热议，共计有超过 1400 篇新闻在报道这部电影。例如，《卫报》(*The Guardian*)报道了"约翰·路易斯的广告如何在 YouTube 网站上被评为世界上最大的圣诞电视广告"。[14]

活动后＝沉浸其中。约翰·路易斯通过主题商店窗口、店内体验活动、预定购买的商品和制作圣诞贺卡的应用程序，在所有和客户的接触点上(包括创收活动)扩大了这部电影的影响。电影中的音乐进一步提高了影片的曝光度，主题曲经常进入歌曲排行榜的前十名。最后，另一个明智的商业举措是确保供应商资助的资金及时到位，这占 2015 年预算的 40%。

社交媒体的正确作用

我们建议先仔细界定社交媒体对品牌的作用(见图 8.11)，然后在创意人才和产品质量方面进行适当的投资，包括娱乐、信息、客户服务和商务等方面。需要注意的是，这里的重点是通过创建有趣的、相关的和受欢迎的内容来推动"自然"搜索，而不是"付费"搜索，因为"付费"搜索算是一种在线广告形式。

娱乐

在某些情况下，你可能会试图用你的品牌内容来取悦观众，就像我们讨论过的约翰·路易斯举办的活动一样。这是一个有野心的目标，因为它意味着不仅要与其他品牌争夺话语权，还要与整个流行文化争夺"参与份额"。这包括电视节目、电影、有趣的用户生成内容和"YouTube 用户"，

社交媒体的作用	社交媒体渠道	巴塞罗那足球俱乐部	红牛	乐高	BA	家乐	WD-40	你的品牌
娱乐生活类内容	YT+FB+INS	√√√	√√√	√√√	√	√	√ （运动品牌赞助商）	?
信息与"指示性"内容	YT+FB	√	√	√√√	√√√	√√	√√	?
促进用户参与	YT+Blogs	√	√	√√√	√	√√√	√√√	?
复杂的服务问题	TW	√	–	–	√√√	–	–	?

TW：Twitter   FB：Facebook   YT：YouTube   INS：Instagram

图 8.11　社交媒体的作用

如拥有 3000 万订阅者的佐拉（Zoella）等。

　　让人们参与你的品牌内容生成过程，是一大挑战，因为大部分用户的社交媒体主要用于关注朋友、家人、爱好和名人，而不是日常产品（见图 8.12）。这就是为什么人们在脸书上只关注 9 个品牌，以及为什么知名首席执行官的推特"粉丝"比他们经营的品牌的"粉丝"要多得多。例如，有 280 万人关注美捷步（Zappos）的首席执行官谢家华（Tony Hsieh），其"粉丝"量大约是美捷步官网"粉丝"的 40 倍。

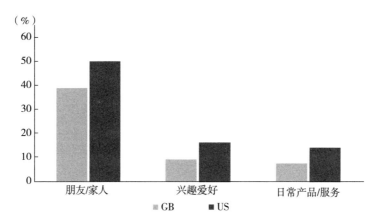

图 8.12　社交媒体主要用于关注朋友/家人、兴趣爱好，而不是品牌

　　赢得用户黏性份额的品牌包括 Instagram 上关注度最高的四个品牌：耐

克、国家地理（National Geographic）、维多利亚的秘密和巴塞罗那足球俱乐部。请注意，这些有"粉丝"基础的品牌具有视觉冲击，能够令人兴奋，且富有生活价值。像这样的品牌也会在创意人才和产品价值上投入大量资金，以创造一系列令人兴奋的、有趣的和与品牌相关的内容，从而填补营销活动的空白。例如，红牛仅在英国就有 100 多人从事营销工作，尽管他们只销售一种产品。这个团队负责策划活动和创作令人惊叹的内容，包括一个专门致力于电视营销的团队。天真品牌在脸书上获得了超过 56 万个赞，这对于一个仅专注于英国地区的品牌而言，点赞量是相当高的。这个品牌的内部创意团队由 15 人组成，制作了一系列简短、精辟、互动性强的视觉化内容。

信息

虽然娱乐性的内容占据了大多数的头条，但这并不是唯一的途径。你的品牌可能更适合为越来越多在线上寻求帮助的人提供有用的信息。事实上，根据谷歌的一项调查，"如何制作视频"和"产品可视化"是 YouTube 视频最重要的两个作用，娱乐排在第三。[15] 在这里，你可以选择不同的路线。

用户产生的内容：有些品牌的用户群对品牌的参与度很高，他们自己就能创造出高质量的内容。例如，搜索"WD-40 多功能喷雾的使用方法"，你可能会找到一个有趣的账号，名叫"疯狂的俄罗斯黑客"（Crazy Russian Hacker）。他的娱乐视频《10 个简单的 WD-40 生活技巧》在 YouTube 上获得了超过 700 万的点击量。相比之下，WD-40 品牌最受欢迎的视频播放量仅约为 10 万次。对于这样的品牌来说，其关键问题是是否为创作者提供官方支持。对 WD-40 来说，"疯狂的俄罗斯黑客"的自行创作能带来更多的流量，所以并不会进行官方干涉。而乐高公司则会为其线上"被认可的乐高用户群"（RLUGs）提供官方支持。这一乐高爱好者群体在 YouTube 上制作了大量的视频内容，一些人用乐高积木制作了精致的机器。其首席市场营销官朱莉娅·戈尔丁（Julia Goldin）声称，这种用户生成的内容让乐高成为 YouTube 上浏览次数最多的品牌。[16]

单品牌生产的内容：品牌可以自己创建账号，根据与消费者相关的主题生成自己的品牌内容。家乐品牌创造的内容是为了回应互联网上最热门的搜索之一："我今晚做什么晚餐？"专注于一组特定的相关关键词和短语，可以增加你的品牌出现在自然搜索结果中的机会。例如，当白宫研究人们如何搜索医疗改革的信息时，"医疗法案包括哪些内容"是最受欢迎的。白宫团队以这句话作为标题发布了一篇文章，当人们在谷歌中输入这句话时，它就能显示在搜索结果的顶部。

多品牌合作的内容：另一种方法是多品牌合作。这样的联盟可能会产生更多有趣的内容，因为你有几个不同的"编辑"观点，还可以分担制作成本。联合利华的 YouTube 频道《关于头发的一切》(*All Things Hair*)囊括了汤尼英盖(Toni & Guy)、多芬和 VO5 等品牌。该频道是为了解人们在谷歌上搜索了哪些发型技巧，并将这些搜索关键词转发给一个视频博客团队，由联合利华付费，制作关键词相关的视频教程。

"附带式"内容：最后一条途径是在一个已经拥有大量受众的网络品牌上，附带展示你的内容。这可能是一条更具成本效益的途径，我们将其称为"在有鱼的地方捕鱼"，而不是在你还没有真正成为内容产生者的情况下试图赢得自己的"粉丝"。例如，帮宝适品牌可以考虑成为在线论坛——妈妈网(Mumsnet)婴儿护理板块的合作伙伴，该论坛每月有超过 940 万独立访客，页面浏览量超过 9100 万次。

有时，一个品牌会设法创造出兼具信息和娱乐的内容。美国搅拌机品牌伯兰德(Blendtec)的一系列视频已经获得了超过 2.6 亿次的浏览量，是一个保持一致性和新鲜感的典型例子。这些视频展示了夸张的"酷刑测试"，身穿白色实验室大褂的创始人混合了各种荒谬的东西(每一代苹果手机、荧光棒、贾斯汀·比伯的 CD、超值套餐等)。一致性来自基本的叙事、角色和场景设置，新鲜感来自创始人试图融合的下一种疯狂事物。重要的是，每个视频都专注于搅拌机出色的混合强度。

客户服务

社交媒体也可以成为数字时代中一种新的客户咨询热线，尤其是如果你经营的是一个复杂的服务品牌，品牌出了问题，或者用户有很多问题需要咨询。推特的简短形式可以使其成为理想的客户服务渠道，维珍列车（Virgin Trains）就是一个典型的例子。七名"实时响应经理"组成的团队与该品牌的40万推特用户互动。该团队每天发布大约1000条推文，同时使用原始的铁路服务信息系统和实时社交媒体信息系统，推文包括该品牌的推特帖子、乘客直接发送的信息以及任何提到该品牌的信息。对团队的要求包括：

➤ 速度：在推特上，超过一半的人希望在1小时内得到回应，当人们遇到问题并开始抱怨时，这一比例上升到72%。

➤ 语气：团队需要掌握回应品牌问题的语气，同时在处理客户问题时保持尊重。

➤ 将客户的关怀转化为积极的故事：提升品牌曝光度。2014年，维珍列车团队成功做到了这一点，当时他们收到了一位学生——亚当·格林伍德（Adam Greenwood）的推特，他在19点30分从尤斯顿开往格拉斯哥的火车上因没有厕纸被困在厕所。列车团队问他在哪个车厢，并联系了该列车的管理员，给亚当·格林伍德送过去新的厕纸。亚当·格林伍德的推文"我们能不能花点时间感谢最好的列车服务提供商@维珍列车"被分享了800多次，更重要的是引起了线上和线下的广泛新闻报道。[17]

商业——销售更多的东西

社交媒体可以在推动在线品牌发展方面发挥更积极的作用，因为在线品牌有"直接"的购买渠道，尤其是和时尚相关的、贴近生活的品牌，其目标受众主要是年轻人。例如，在线时装零售商ASOS与Olapic合作创建了一个名为"我身上所见"（"#As Seen On Me"）的社交媒体话题。Olapic利用机器学习和人类专业知识的结合，在网络上检索以ASOS服装为特色的用户生成的内容（User-generated Content，UGC），随后策划出最佳的品牌内容。然后，这些用户生成的内容会被转发到该品牌的 Instagram 上，主要是展示真人上身的效果图，并且指导用户如何在 ASOS 官网上找到该产品。虽然产品本身的照片有一定的吸引性，但是通过展示真人上身的图片，会让用户看到产品更"真实的样子"。当用户看到其他购买者身上穿着的产品看起来不错时，就会增加购买欲望。

相比之下，对于大多数生活消费品品牌来说，顾客与销售的联系更为"间接"，因为购买行为通常是在实体店进行的。生活消费品品牌正在试验一种技术，通过点击鼠标即可将商品添加到网上购物车中。例如，亿滋（Mondelēz）已经在 25 个市场的自有媒体、口碑媒介和付费媒体平台上增加了"立即购买"按钮，链接到 130 多个零售商的网站，并且"在 20 个市场与 100 多个零售商进行了成功的试点"。[18]但经过与业内人士讨论，这一举措目前收效甚微。尽管网上生活杂货的购物发展迅速（自 2010 年以来每年约达到 15% 的增长率），但它的市场份额仍然相对较小，仅占美国/英国市场的 2.6%。[19]

在了解了如何加速营销以推动品牌和业务发展之后，我们将在本章的最后建议如何以最佳方式向创意机构介绍你的品牌计划。我们借鉴了《品牌健身房》合作伙伴安妮·夏邦诺和帕萨德·纳拉西姆汉的经验，安妮·夏邦诺曾在顶级广告公司 BBH 和 Wieden & Kennedy 工作，帕萨德·纳拉西姆汉在加入《品牌健身房》之前曾是维珍移动公司印度地区的首席市场营销官。

开启创意过程

简明扼要

简介存在多个条条框框，包括一段又一段的文字。我们建议只需要简单地回答六个关键问题，并辅以品牌定位工具，抓住我们之前提到的品牌基本要素，包括洞察力(人性真理、文化真理、品牌真理)、品牌个性、品牌目的、品牌理念。西特轮胎公司(CEAT Tyres)在印度开展的行动就是采用这种方法的一个例子，通过打造"无与伦比的道路抓地力"的品牌理念，该品牌从市场第三位跃居第二位(见表 8.1)。该品牌的目标是提升西特轮胎在"抓地力"方面的地位，这是该品牌在市场上吸引用户最重要的属性。该活动所关注的品牌真理是"西特轮胎具有独特的胎面花纹，可以实现超强的抓地力和无与伦比的制动力"。"因为街上到处都是白痴"这一想法非常令人惊讶，并且让用户感到新鲜，也非常符合品牌理念。品牌商的这一想法是基于一种洞察力，即每个人都认为自己是一位优秀的司机，而道路因为其他司机的粗心大意而变得危险。

表 8.1　品牌介绍

品牌：西特轮胎公司　　　　时间：2016 年春季

我们的目标是什么?
简短的理由(如宣传、营销活动、产品发布)：通过新的综合性宣传活动重新启动品牌。
目标与措施：
品牌(如知名度、形象转变、用户渗透率)：在两轮车车主中，品牌偏好增加 10%，用户渗透率从 10%提高到 12%。
业务(如销售额、市场份额、利润)：推动西特轮胎在售后市场领域排名第二，推动销售额增长 20%，同时提高利润率。
我们的目标用户是什么?
核心用户：城市居民；工薪族，育有孩子，每天骑着两轮车进行冒险；还有一部分在印度道路上骑行面临着不可预测的挑战并希望在路上可以自信骑行和随时操控两轮车的群体。他们在自行车上投入时间、精力和金钱，比如阅读自行车杂志和观看相关电视节目。
他们今天在想什么，在做什么?
要影响或改变他们当前的想法和行为：人们认为所有的轮胎都是一样的，主要是根据合适的和最优惠的价格进行购买，通常是听从他们的朋友或附近机械师的推荐。
我们希望他们在未来会想些什么和做些什么?
未来的想法和行为：下次换轮胎的时候应该买西特轮胎，因为这是对我和我的家人最好的保护。
最有可能实现这一改变的方法是什么?
洞察力：每个人都认为他或她是一位优秀的司机，因为其他司机的粗心大意导致道路上有危险。
独特的产品/品牌真理：西特轮胎有独特的胎纹，具有超强的抓地力(市场上最重要的单一属性)和无与伦比的制动力。
他们将如何认识我们?
独特的品牌属性要放大：一是"无与伦比的道路抓地力"的主张；二是西特轮胎的标志和颜色；三是创建新的视觉/声音特性。

资料来源：笔者整理。

不仅仅是告知，而是要激励

许多简介由于只使用了枯燥和平淡的语言，并没有给出品牌发展的"蓝图"，所以无法成功吸引代理商。创意团队告诉我们，书中前面的品牌愿景工具很适合给品牌提供这种视角，比经典的"洋葱工具"（一种品牌分析工具）或"靶心工具"（一种消费者分析工具）更有激励作用。你也可以从前文的训练"重整旗鼓"中吸取技巧，让你的品牌故事（杂志、视频、小册子）生动起来，即卖给代理商的是蛋糕，而不是配方！

此外，让你的代理商沉浸在你的品牌世界中。例如，萨奇公司（M&C Saatchi）团队花时间与英国警察一起"工作"。他们通过与警察交谈获得了深刻的见解，深入地了解他们出色的工作和他们所面临的压力，并由此举办了一项名为"不是每个人都能做到的"活动，团队邀请了因体力而被认可和尊重的知名人士去尝试解决警察每天要处理的问题。[20]

回顾正确的案例

前文提到的 BRAnD 标准可以用结构化的方式来评估创造性的工作，无论你是评估一个整体，还是单个元素（电视广告、社交媒体、体验、营销活动等）。为了解释这种方法，我们参考了 B2B 品牌的埃森哲。2001 年1 月 1 日，已经在 35 个国家开展了超过 15 年的安盛咨询公司更名为埃森哲之后，该品牌的全球宣传活动实现了"高绩效"。更名后，公司的收入从100 亿美元增加到 320 亿美元。

品牌的重要作用：品牌是否扮演了一个重要的、不可或缺的角色？还是其作用微不足道（如"赞助娱乐"的陷阱）？

该品牌在宣传活动中发挥了重要作用，讲述了埃森哲如何为包括联合利华和维萨卡（Visa）在内的领先企业提高业绩的故事。该活动还采取了一种微妙的品牌平衡手段，推出了两项新服务：战略和数字化。这两项服务都有自己的品牌支持"环节"，通过使用不同颜色来使品牌脱颖而出，即黄色代表数字化，黑色和红色代表战略，且活动执行方式与活动结构安排要保持一致，如图 8.13 所示。

主品牌　　　　　　　　战略　　　　　　　　数字化

图 8.13　B2B 品牌的 BRAnD 营销活动

相关问题：它是否通过情感上的投入来吸引消费者的注意力？它是否具有使消费者对品牌产生好感的功能？

这个活动不仅提供了功能上的卖点，也提供了情感上的吸引力。该活动讲述了与埃森哲成功合作的领先企业案例，充分利用了"社会认同"的力量，让现有客户感到自豪，让潜在客户感到安心。机场快速通道区的广告牌在媒体计划中发挥了关键作用，使埃森哲能够在商务旅行期间触达目标客户，因为这正是传递品牌信息的关键时刻。该品牌理念和宣传活动的长期性反映了这样一个事实——它建立在所有公司和组织对提高业绩的持久性需求之上。在过去的 15 年里，商业挑战显然已经发生了变化，但提高业绩的需求仍然是长期存在的。

扩大营销活动的影响力：宣传活动环节的理念是否会产生跨多种媒体宣传渠道的想法？而不同的元素组合在一起是否会扩大营销活动的影响力？

"实现高绩效"这个想法是通过一个理念被放大的——在宣传之外推动创新。例如，埃森哲高绩效研究所(The Accenture Institute for High Performance)是一个全球研究中心，它创造了源源不断的新见解。

独特之处：这个想法是否强化了独特的记忆结构？它是否利用了口号、符号、颜色、声音和色调等品牌属性？

独特之处在于使用品牌理念，以及在"t"的上方有小型的">"标志，暗示着进步和前进（这个重音符号的灵感来自为埃森哲咨询公司创建新名称的员工竞赛活动中的获奖名称，即"重视未来"）。该活动也采用了一致的执行方式，与右下角的品牌相呼应。有趣的是，我们可以观察到这个活动是如何随着时间的推移而被刷新的。通过巧妙的幽默，最新版本的宣传活动为品牌增添了额外的特色，标题为"联合利华节省 10 亿欧元，没有任何纠结。"

更快、更灵活

正如宝洁公司的品牌主管马克·普里查德（Marc Pritchard）所解释的那样，越来越多地使用自有媒体和口碑媒体意味着你的团队需要表现得更像一个"新闻编辑室"。[21]

➤ 快速：新闻编辑室每天 24 小时开放，必须快速对重要事件做出现场反应，宝洁公司的马克·普里查德评论道："你要问过去 24 小时内发生了什么，我们需要如何应对？"速度不仅体现在内容创作方面，它还包括对消费者评论的反应速度，正如我们之前提到的维珍列车的例子。

➤ 灵活：考虑到对响应速度的需求，你需要保持敏捷。马克·普里查德还说道："你仍然可以计划很多活动（80% 的活动），你只是要为计划外的活动做好准备。这意味着要有一些预算和时间分配，以便做出反应。"马克·普里查德以奥运会为例："我们已经准备好看看我们的运动员表现如何，也准备好看看我们的品牌表现如何。"

➤ 发布、策划、扩大影响力：社交媒体的一个关键优势就是让你可以获得活动的实时数据。这使你能够在第一时间策划关于品牌和消费者的最佳内容，然后进一步阐明"做事情并从中学习"的观点，马克·普里查德建议到。"我知道如果我们把一个 YouTube 视频发布出来，三天内得到7000 次点击量，那就是一个热门视频了！我们可以利用这个视频的初始热度再做点别的事。用一些熟悉的手法便可以创造一个热门，然后再扩大它的影响。"

主导宣传过程

在每一个环节都进行有效的宣传，不仅需要规则，还需要建立跨越客户和代理合作伙伴团队的良好文化。根据我们的经验，建立这种文化需要重视五个关键因素：

（1）组建团队。伟大的工作来自于一个伟大的团队，在品牌和代理方面都是如此。基于信任、尊重、耐心和创意性的关系是至关重要的。某种程度上非正式的相处可以使这种关系更和谐。通常，代理商和客户分别将自己定位为卖家和买家，这使得二者之间的关系趋于紧张，妨碍了一些想法的产生。

（2）指导团队。品牌总监需要培养团队，并创造一种激励方式，让他们每次都能做得更好，包括灌输信念、指导技能，并鼓励团队在每次活动中达到更高的目标。代理商负责人还有责任确保新鲜感、一致性、创意性，因为在许多情况下，客户会更换，但代理商提供了唯一真正的延续性。

（3）渴望洞察力。一位创意总监称其为"神圣的不耐烦"，不断地渴望寻找新的方法（基于新的见解）来为工作带来新鲜感。消费者的沉浸感很重要，但通常情况下，客户和代理团队之间的对话迸发出的火花也很重要。

（4）整合整个活动环节的计划。正如我们前面所提到的，在当今的数字时代，多个代理商共同创建了活动计划。在市场上取得有影响力的成果需要所有代理商与媒体的共同努力和紧密合作，以确保所有渠道的想法都能更生动地呈现。整合计划有助于避免代理商各自为政去推动自己的创意议程，从而实现更高效的工作成果。

（5）保持新鲜感。品牌领导者必须提供灵感和耐心，以激发人们不断改进的渴望。在早期阶段培育他们的"绿色住房"理念很重要，因为成功往往不会一蹴而就。例如，吉尼斯黑啤酒（Guinness）的宣传活动"成就更多可能"（Made of More）的最初执行方案过于深奥和抽象，如一朵云帮助消防员灭火的故事。结果很一般，但团队坚持了这个想法，并开发了新的执行方案，与饮料中的大胆精神和品牌价值有了更紧密的联系。再如，"篮球"活动展示了一群坐着轮椅的男人在打篮球。结果发现，只有一个人是残疾人，原来他的队友们出于团结和他一起打球，展现了他们的真实性情。这个更注重品牌的活动与之前的活动相比，营销投资回报率提高了 1.7 倍。[22]

主要收获

1. "涡轮式营销计划"是由品牌活动的各个环节组成的，这些环节具有统一的品牌故事和一系列独特的品牌属性，为客户建立了记忆结构。

2. 根据你的品牌和商业目标，创建正确的媒体组合，将社交媒体、数字媒体与电视等传统媒体相结合。

3. 以鼓舞人心的方式向代理商和业务团队介绍情况，有助于共同创建营销计划，其中不同环节的计划超越了整体，达到了扩大营销影响力的效果。

反省清单八：涡轮式营销

· 你是否曾与跨机构团队合作，以扩大整体营销活动中每个环节的影响力？

　□是 　□否

· 你是否制订了品牌营销计划？在整体计划中，各个环节随着时间的推移是否建立了新鲜感和一致性？

☐是　☐否

· 你是否通过创造和放大独特的品牌属性来构建记忆结构？

☐是　☐否

· 你是根据你的品牌目标来确定社交媒体所发挥的作用，是以经济价值为主，而不是以流行和时尚为主？

☐是　☐否

 **接力棒**

在了解了通过"涡轮式营销"计划以建立品牌特色之后，我们将继续了解如何利用另一种极其有力的方式来发展核心业务，即扩展分销渠道。

第九章
训练九：扩展分销渠道

　　推动分销是提高用户渗透率的最有效方法之一，因为它可以更快地接触到更多的人。第一条途径是增强现有渠道的存在感，包括增加渠道数量和提升曝光度。为消费者开辟新的途径是一种大胆的做法，包括利用数字技术和移动技术。这种做法存在一个潜在的优势，就是让品牌重获在大型零售商处失去的那些权力。

分销并不是最吸引人的营销方式，但我们可以保证，通过更多的途径售卖肯定会帮助你卖出更多的产品。扩展分销渠道增加了你能接触到的消费者数量，因此它是提高用户渗透率的绝佳方式。

对于许多品牌来说，分销面临的最大挑战是大型零售商日益强大的实力。英国四大超市占了所有食品杂货产品 70% 以上的购买量，鉴于折扣商店的崛起和经济动荡，品牌所有者和英国零售商之间的关系变得更加艰难。[1] 在美国，沃尔玛是一家价值 2500 亿美元的百货公司，对品牌所有者有着不可思议的影响力。这就是为什么"掌握通往消费者的路线"是品牌在未来几年面临的关键挑战之一，甚至是最大的挑战，包括使用数字渠道的潜力。我们研究了三种利用分销来发展核心业务的方法，这些方法的复杂程度不断提高，但也会为你的品牌和业务带来潜在的收益：一是扩大现有渠道的影响力；二是扩展新的分销渠道；三是完全掌握通往消费者的路线。

扩大现有渠道的影响力

当你试图通过扩大分销渠道来发展核心业务时，首先要做的是与现有的品牌销售渠道合作。就大多数消费品品牌而言，这个渠道就是大型超市。我们着眼于增强现有渠道的存在感的三种方式，即从竭尽所能、多个分销地点、品牌展示入手。虽然这些想法听起来很简单，甚至是很基本的手段，但是，在现代市场营销中，这些基本的手段有时会被遗忘，所以提醒我们要注意这些手段并没有什么坏处。

竭尽所能

扩大分销渠道的第一种方法就是竭尽所能，在现有客户中扩大你的品牌影响力。这对查理·比格姆这一品牌来说是个奇迹，我们在前文提到了这个快速发展的优质冰鲜即食食品品牌。在汤姆·奥尔彻奇于 2010 年接任首席执行官之前，该品牌只在英国最高档的零售商之一维特罗斯商城（Waitrose）销售。维特罗斯商城与查理·比格姆的品牌非常契合，该品牌吸引的是城市高档美食消费者。然而，只在维特罗斯商城销售造成了这家零售商的影响力有限，因为它只占英国食品杂货店销售额的 5%。在改进产品、扩大销售范围和设计新的产品包装后，该团队重新说服英佰瑞和乐购从这里进货。这些零售商有更多的高档食品购物者，尽管比例没有维特罗斯商城那么高，但它们在新鲜、美味和高质量的食品方面有着良好的声誉。最重要的是，它们能接触到更多的人，在英国市场上占有 46% 的份额。这使得查理·比格姆的分销网点从 2010 年的 2000 个增长到 2016 年的 18000 个，零售额从 400 万英镑增长到 6500 万英镑，并且还有 45000 个潜在的分销点可以去争取。

显然，获得这种分配收益并非易事。那么，有哪些方法可以帮助你维持现有分销渠道并获得分销收益呢？以下是几点建议：

（1）聚焦你的品牌组合。零售商在涉及一个类别中的小品牌时变得越来越果断。乐购最近将库存产品的数量减少了约 30%，从 90000 件减少到 65000 件。除了自有品牌，领先品牌有足够大的消费者"吸引力"来证明囤货是合理的。然而，小品牌很容易会退市。这意味着你需要积极主动地将工作重点放在销售价值和品牌价值最强的核心产品上，正如我们之前的训练"专注品牌组合"所提到的。

（2）建立记忆结构。让零售商勉强接受的是，某些领先的品牌在"指引"品类方面发挥了关键作用，这可以让购物者对货架上的产品有一定的信赖感。这些例子包括好乐门的蛋黄酱、沃尔克斯/乐事（Walkers/Lays）薯片和家乐氏公司（Kellogg's）的早餐麦片。随着时间的推移，这些品牌已经建立了强大的品牌标识，你如何从这些品牌中学习？

（3）营销力量。专注于核心业务并创造与众不同的营销方式有助于创造"吸引力"，这让你的品牌更有机会成为零售商的必备产品。

（4）品类领导力。大多数大型消费品公司都在品类管理方面进行了大量的投资，它们不仅了解自己的品牌，而且了解整个品类。这种情况可以用来向零售商展示你的品牌，不仅可以增加产品的销量，还可以增加整个品类的销量。

（5）给你的产品更大的空间。优化产品系列有助于品牌充分利用现有的分销渠道。调整分销模式以促进热销产品的快速售卖，有助于品牌方销售更多商品，并帮助零售商更好地利用其货架空间。包括为品牌方最畅销的产品确保足够的货架空间和库存，通常是"原始的"或"经典的"主打产品。考虑到产品范围不断扩大的趋势，品牌最终可能会把更多的货架空间分配给更新、更小、销售较慢的产品，而不足以容纳热销的主打产品，导致最受欢迎的产品断货。图 9.1 中卡尔饼干（Carr's Biscuits）就是一个真实案例。这张照片是一位愤怒的客户发给我们的，他在仅存的货架上找不到经典款，因为已经没有库存。

多个分销地点

使用现有分销渠道来发展核心业务的第二种方法是利用商场中的多个分销地点，这样品牌就有更多的机会被购物者看到。

（1）产品款式。可口可乐公司是运用这种方法的高手。在一家日常的超市中，该品牌以不同的产品款式在不少于 6 个不同的地方销售（见表9.1）。这极大地扩展了品牌在特定商店内的影响力，因此增加了产品被消费者看到的机会。还请注意价格上的巨大差异。最昂贵的是冰镇的单瓶

图 9.1　热卖产品缺货

装，每毫升的价格是最便宜可口可乐的 3 倍，因为它满足了客户需要即刻
饮用的需求。

表 9.1　商店内不同销售位置的不同产品款式

产品款式	每毫升价格（便士）	价格指数
2 升 × 4 瓶	5.7	100
330 毫升×6 罐	11.9	208
330 毫升×6 瓶	16.3	286
为实现即时销售，冰镇的单瓶包装放在自动贩卖机售卖	17.6	310

（2）产品配对。另一种获得二次定位的方法是，根据对消费者行为的
了解，将品牌与互补的产品配对。例如，哥伦比亚的 Rama 人造黄油使该
品牌在炒鸡蛋(该国最受欢迎的菜肴之一)时的使用量增加了两倍。广告宣
传了 Rama 黄油是炒鸡蛋的完美搭配，但店内的展示是扩大营销影响力和

推动消费者购买行为的关键。包括在鸡蛋区旁边的二次展示以及将 Rama 黄油和鸡蛋一起捆绑销售。重要的是，该计划在数年内持续执行，以建立记忆结构。这是一个将品牌与拜伦·夏普所说的"消费者切入点"（Consumer Entry Point，CEP）联系起来的例子，即购买该品类的一个触发点。在品牌和 CEP 之间建立联系可以增加品牌被消费者选择的机会。正如拜伦·夏普所言："不要只问你的品牌唤起了什么，要问什么能唤起你的品牌。"

品牌展示

增强现有分销渠道的存在感的第三种方法是通过展示来提升曝光度，使其脱颖而出。GoPro、Beats 和 Fitbit（见图 9.2）等科技品牌往往是运用这一手段的高手，利用有影响力、有吸引力的商品推销方式展示它们的产品。显然，科技品牌拥有更高的现金利润率，因此更有能力承担复杂的商品营销费用。但是，对于消费品品牌而言，同样的展示品牌以提高影响力为原则可以通过更经济的方式来实现，比如图 9.3 所展示的旨在强调天然原料的哈特利果酱（Hartley's）的巧妙"货架包装"。

图 9.2　科技品牌的货架展示　　　　图 9.3　消费品品牌的货架展示

扩展新的分销渠道

利用分销来发展核心业务的另一种方法是开辟新的消费途径。这往往要困难得多，需要改变公司的整体商业模式。这就是为什么在许多情况下，虽然我们长期讨论创新分销渠道的方式，但取得的进展有限，因为它总是被困在"极度困难"的盒子里。然而，对于那些有毅力和有决心实现这一目标的公司来说，扩展分销渠道可以长期推动品牌和业务发展。

这也是品牌所有者夺回目前由占据主导地位的大型零售商所掌握的部分权力的一种方式，方法包括建立新的渠道合作伙伴，拥有自己的门店和进行数字化。

新的分销渠道合作伙伴（"在有鱼的地方捕鱼"）

扩展新的分销渠道的一种方法是寻找未开发的渠道和高度集中的品类购物者。咖世家咖啡通过 2000 多台咖世家自助售卖机，成功地将品牌足迹从咖啡店扩展到加油站、超市和高速公路服务站（见图 9.4）。为了解决前面讨论的扩展分销渠道所面临的复杂问题，咖世家收购咖啡机品牌 Coffee Nation，并进行了品牌重塑。

该公司前首席执行官安迪·哈里森（Andy Harrison）全面地总结了这种渠道扩张是如何通过提高用户渗透率来推动增长的。"遍布英国的咖世家自助售卖机为咖世家品牌提供了额外的增长杠杆，使咖世家在更多的地方为更多的顾客提供服务"。[2]重要的是，咖世家自助售卖机不仅让更多的人看到它的产品，它通过使用现磨咖啡和鲜奶，提供比普通咖啡机更好的体验，通过分销渠道为品牌提供真正的附加值。

亨氏也尝试了这种方法，在威维尔花园中心（Wyevale Garden Centres）

图 9.4　面向消费者的新途径

销售烤肉酱，在好妈妈（Mothercare）店铺销售婴儿食品。这些举措有几个好处：

➤ 扩大分销地点的覆盖范围，提高用户渗透率。

➤ 在合适的环境中展示品牌，增强品牌价值。

➤ 创造一点惊喜。

➤ 通过有序竞争来推广品牌。

开设实体店

开设自己的实体连锁店是一种高成本且复杂的扩展分销渠道的方式，但如果执行得当，就能获得回报，苹果公司就是这样。该公司将迅速扩张的零售店网络作为推动其整个品牌商业模式的引擎。苹果公司避免了一些品牌所犯的错误，即把品牌门店当作只宣传品牌的"旗舰店"。除非实体店能够盈利，并且能够独立运营，否则它们永远不会成为重要的增长驱动力,也无法与苹果公司的惊人业绩相媲美:到 2015 年,全球有 463 家门店,比 2010 年增长了近 50%;[3]每年有 3.65 亿访客,而迪士尼主题公园的游客人数为 1.3 亿;[4]每平方英尺的平均销售额为 5546 美元,几乎是其强劲竞争对手蒂芙尼(2951 美元/平方英尺)的两倍[5];提高核心业务的用户渗透率,如苹果公司所言:"零售计划的目标之一是吸引目前没有麦金塔(Macintosh)电脑的新客户和首次购买个人电脑的客户(在苹果专卖店购物的 50% 是该品牌的新客户)。"[6]

苹果专卖店成功的关键是独特的客户体验,它们的外观、感觉和运作方式与其他专卖店一样。一是备受赞誉的建筑风格:开放、通风、极简主义、明亮。二是商品在"解决方案区"展示,供人们亲身体验。三是提供一个用于教学、演示和活动的休息区(提供长凳或椅子)。四是提供一个"天才吧"(Genius Bar),顾客可以在这里提出问题并得到解决。《麦客世界》(*Macworld*)杂志的一项调查发现,34% 的人在遇到问题时都会去苹果专卖店的"天才吧"咨询。五是提供开放的无线网络,所以访客可以带上他们的笔记本电脑前往并下载电子邮件。

数字化

品牌正越来越多地利用数字技术的力量来改变它们与消费者的联系方式。达美乐比萨是一个早期的渠道创新者,早在 1999 年就开始了在线销售。到 2010 年,该公司 40% 的销售是在网上完成的,这已经很了不起了。2015 年,这一数字增长到 78%,促进利润增长 18%。[7]达美乐比萨利用数字技术来强化其方便、快捷的品牌优势。达美乐比萨的移动应用程序让在线订购变得更容易,它可以储存以前的订单记录,告诉你有什么促销活动,存储你的信用卡信息,甚至告诉你所订购的比萨的位置。这款应用程序已经有近 1150 万人下载,占在线销售额的近 50%。

一种更激进的做法是进行 100% 的数字化,零售集团 Shop Direct 采取了这一方法。该公司在其核心的邮购服装业务陷入衰退之前，成功地重振了其业务。"我们从根本上改变了我们的业务"，副首席执行官兼零售和战略总监加勒斯·琼斯(Gareth Jones)评论道。[8] 2013 年，该品牌 72%的销售额仍然来自实体经营。Shop Direct 没有采用实体和数字渠道相结合的"混合"模式，而是完全退出了实体经营，如今，利特伍兹(Littlewoods.com)和电商 Very 等 Shop Direct 品牌都是 100%在线销售，其中 63%的销售是通过移动设备进行的。

自有渠道：成为品牌渠道商

在我们看来，渠道创新的最后一个阶段是"品牌的涅槃"。它涉及建立品牌商业模式，在这个模式中，公司以数字化和移动技术为核心，与消费者建立联系。品牌渠道商的例子包括雀巢奈斯派索咖啡(Nespresso)、英国高端巧克力制造商 Hotel Chocolat 和美元剃须俱乐部(Dollar Shave Club, DSC)。而这似乎是一个消费者感兴趣的渠道，35%的英国购物者愿意直接通过制造商而不是零售商购买食品、饮料和家庭用品。[9]

这是迄今为止最复杂的渠道战略，但在品牌资产和长期盈利增长方面都有很大的优势。品牌渠道相对于传统零售模式的优势如表 9.2 所示。

表 9.2　品牌的涅槃

项目	传统零售模式	品牌自有渠道
品牌案例	吉百利手表 吉列 雀巢速溶咖啡	Hotel Chocolat 美元剃须俱乐部 雀巢奈斯派索咖啡

续表

项目	传统零售模式	品牌自有渠道
仿制产品	价格较低，在品牌旁边出售的仿制品牌	完全品牌化的零售场所
上市费用	高额的上市费用，如果没有持续的投资，就会面临退市的威胁	没有上市费用，保证分销
新产品发布	争取新产品上市，建立分销需要时间	即时性，从第一天起百分之百上市
货架位置	品牌不太可能获得最好的货架位置，只保留给自有品牌	品牌的完美呈现
定价	由零售商控制	由品牌控制
促销活动	过高的"成交"水平（通常超过50%）会侵蚀品牌资产和盈利能力	由品牌控制的较低水平的价格促销
购物者行为数据	由零售商拥有，甚至卖回给品牌（如Tesco Kantar数据）	由品牌拥有，可以通过自行分析来完善服务内容和范围

资料来源：笔者绘制。

世界上最好的品牌——雀巢奈斯派索咖啡机？

雀巢奈斯派索咖啡被我们评选为"世界上最好的品牌"。这恰好说明了品牌渠道商业模式的潜力。雀巢奈斯派索咖啡是一个"系统化的品牌"，与克鲁伯咖啡机（Krupps）等合作伙伴一起制作，使用奈斯派索胶囊咖啡机进行生产。为了了解整个系统有多智能，这个概念（机器、胶囊、服务）涉及1700项专利。Senseo咖啡机、Tassimo咖啡机和雀巢自己的多趣酷思胶囊咖啡机（Dolce Gusto）都在争夺胶囊咖啡机的市场。但奈斯派索咖啡机在近30年的时间里形成了专业的知识、系统和训练有素的员工队伍，是高端咖啡领域的领导者。

奈斯派索胶囊咖啡机设计精美（见图9.5），以至于许多客户购买了特殊的展示装置来炫耀他们的胶囊咖啡机！雀巢奈斯派索咖啡机多年来与代言人乔治·克鲁尼（George Clooney）的合作以及"奈斯派索，还有什么？"这一品牌理念，使其成为一个与众不同、令人梦寐以求的品牌。

图 9.5　奈斯派索胶囊咖啡机

奈斯派索咖啡机的销售额为 45 亿美元，是目前世界上最大的消费品品牌之一。它的增长速度也十分令人惊讶，截至 2015 年，其过去 10 年平均每年增长 30%。[10]并且它的产品利润率约为 25%，也明显高于一般消费品品牌。创建和运行分销模式需要额外的成本，但与传统品牌不同的是，奈斯派索咖啡机品牌不必支付约 40%的销售收入作为零售利润。

奈斯派索咖啡机成功的核心是"全渠道"分销模式，主要通过三种渠道销售给消费者：一是线上销售，通过一个非常高效的网站，它会记住你上次订购的商品，让你可以快速重新订购。二是精品店销售，针对那些喜欢个性化服务并且对新产品感兴趣的顾客。三是电话销售，适用于想在家订购，但想与售货员交谈的顾客。

所有这些通往消费者的渠道都是百分之百由品牌控制的，这些渠道提供了大多数市场营销总监梦寐以求的便利，如前文所述，包括百分之百分销所有库存产品、完美地展示产品、保证产品质量、即时上市新产品，以及通过奈斯派索咖啡机俱乐部与数百万"会员"进行双向对话。

但是，奈斯派索咖啡机目前面临的一个巨大挑战是保护它们的专利不受仿制的胶囊咖啡机品牌影响。这些仿制品牌现在在超市里以更低的价格进行销售。面对这样的问题，奈斯派索咖啡机是坚持自己的渠道模式，还是尝试向更广泛的零售分销领域进军，我们拭目以待。

新的品牌优势——美元剃须俱乐部

与成熟的品牌相比，白手起家的品牌渠道商在直接向消费者销售方面有几个优势。首先，新业务不必担心会"蚕食"现有的零售渠道。其次，新业务从启动的第一天，就由完全理解并接受数字渠道战略的领导者负责。最后，也是最重要的，一个新的品牌渠道业务不会有得罪零售"合作伙伴"的风险，而成熟品牌的绝大部分销售都是依靠这些伙伴进行的。

例如，美元剃须俱乐部从零开始创建了一个完全在线上销售的品牌，抢占了剃须和男性美容类别的头条。美元剃须俱乐部于 2012 年发布，到 2015 年发展到 110 万用户，并且营收超过 1.5 亿美元。其快速增长的关键在于：

（1）极具特色的客户体验。精美的品牌包装盒、有趣的说明书，以及对在社交媒体上分享 DSC 产品照片的客户进行奖励。

（2）强有力的价值主张。通过直接向消费者销售，该品牌不需要给零售商带来很大的利润，而且它在广告方面的投资也不多，当然它需要承担运输和信息技术的成本，所以这种商业模式使它能够提供极具竞争力的价格。DSC 的价格大约是吉列剃须刀同类产品的一半。这一主张可以概括为简单的品牌理念："省时省钱，轻松剃须"（Shave Time，Shave Money）。

（3）独特的宣传方式。以大量的情感吸引力来增加产品的"卖点"。首席执行官迈克尔·杜宾（Michael Dubin）主演了该品牌的发布视频，台词是"我们的刀片非常棒"。这种营销是充满魔力的，在短短的 1 分 33 秒内，以令人难以置信的搞笑方式讲述了整个品牌故事。难怪它在 YouTube 上有超过 2500 万的浏览量。更有趣的是，该品牌并没有试图谈论一些更高层次的情感利益，这是一种老式的产品销售方式。迈克尔·杜宾实际上是一个新时代的、数字化的上门推销员。

DSC 在 2016 年被联合利华以 10 亿美元的价格收购，尽管在收购时它还没有盈利，但显然联合利华相信这个品牌的潜力。

不止 DSC 一家公司在探索直接向消费者销售剃须刀片这种方式是否有潜力。早在 2013 年，我们就在《核心业务开发：如何专注于让品牌获得成功的核心业务？》(*Grow the Core*：*How to Focus on Your Core Business for Brand Success*) 一书中写到吉列是如何试验自己的订阅服务的。现在，吉列正通过自己的"吉列俱乐部"服务向联合利华发起反击。这款服务于 2015 年 6 月在美国推出，仅三个月后，它们就占据了线上剃须市场 21% 的份额，而 DSC 的份额为 54%。吉列实际上已经在英国市场上击败了 DSC。剃须刀订阅服务的竞争会如何发展，将是一个有趣的问题。

主要收获

1. 促进分销是提高用户渗透率的最有效途径之一。

2. 第一种方法是增强现有渠道的存在感，包括增加门店数量和库房数量。

3. 一个更大胆、可以获得更长远利益的方法是开辟新的分销渠道，包括与消费者建立联系。

反省清单九：扩展分销渠道

· 你是否发现了在现有渠道中促进品牌分销的机会？
　□是　□否

· 你是否曾通过多次选址和品牌展示来提升品牌在商店中的影响力？
　□是　□否

· 你是否考虑过通过新渠道与消费者建立联系?

　　□是　□否

 **接力棒**

　　你现在已经参与了通过在现有渠道和新渠道中利用独特的营销方式以及扩展分销渠道来提高用户渗透率的训练。第四篇将展示如何从扩展核心业务、使用新的包装形式和发布新的产品、扩展新的产品类别来延伸品牌脉络。

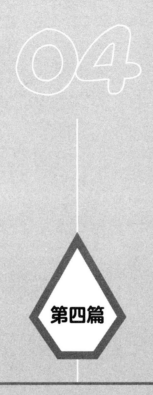

第四篇

延伸核心业务

第十章
训练十：扩展核心业务

  通过增加核心产品或服务的种类延伸品牌范围，从而促进品牌核心业务发展。高品质产品和服务的延伸可以带来"双重冲击"：提高用户渗透率、增强品牌盈利能力。首先，了解市场有助于把握获得新利益或瞄准新场合和用户群体的机会。其次，通过新的包装形式或发布新的产品来扩展核心业务。

带来双重冲击

延伸品牌的核心产品范围带来了全新的核心产品或服务，例如，多芬（Dove）在原有的白色包装产品之外，推出了令人耳目一新的绿色包装产品。这与品牌延伸截然不同，品牌延伸是指超越核心产品以进入全新的市场，如多芬推出了除臭剂。

核心产品范围的延伸有助于通过更好地覆盖利益、场合和目标受众的"市场范围"来发展核心业务。确保品牌拥有基于定性和定量研究的市场范围是一个好的开始，正如我们在前文的训练"专注品牌组合"中提到的那样。然后，你可以强调品牌"指数不足"的领域，以及在某些用户群体或场合中所占的份额较少的领域。例如，奇巧（Kit Kat）巧克力品牌做了这项工作，发现它在有零食需求的年轻男性用户群体中所占市场份额较少。这就为奇巧花生酱巧克力（Kit Kat Chunky）这一核心产品延伸起到了指导性作用。

核心产品范围的延伸通过增强品牌的吸引力，使其在更多场合与更多人产生联系，从而提高用户渗透率。它还可以以"溢价"的形式带来额外的商业利益：为新的利益收取更高的价格。这意味着核心品牌每卖出一件产品，就会创造更多的收入，不仅增加了数量份额，也增加了价值份额。只要新产品的性能真正为消费者带来价值，那么溢价至少应该能收回产品的额外成本，以保持利润率。在最好的情况下，核心产品范围的延伸实际上带来了更高的利润率，这意味着每件销售的产品的利润都有明显增加。

吉列就是一个典型的例子,它实现了提高用户渗透率和促进产品高端化的"双重冲击"。该品牌一直坚持不懈地开发更好的剃须刀系统。该品牌推出了感应系列(两刃)、锋速系列(三刃)、融合系列(五刃)、锋隐致顺系列(Fusion ProGlide)。如图10.1所示,每一款产品都有溢价,且都有卓越的效益支持。这种对核心产品的不断革新推动了剃须刀和刀片的销售额从2002年的1.28亿英镑上升到2006年的1.8亿英镑和2014年的2.49亿英镑。价值份额从2002年的60%增长到2006年的68%和2014年的71%。[1]

5个装=7英镑   4个装=8英镑   4个装=11英镑   4个装=13英镑
1个剃须刀=1.4英镑   1个剃须刀=2英镑   1个剃须刀=2.75英镑   1个剃须刀=3.25英镑

图10.1 延伸核心产品以推动产品向高端化发展

资料来源:Tesco.com。

对潜在风险保持警惕

虽然核心产品延伸是推动品牌发展的一种好方法,但也存在一些需要注意的问题(见图10.2),包括抢风头、同类竞争和新玩具综合征(New Toy Syndrome)。

抢风头

品牌延伸有时被用来推出激动人心的新创意,而这些创新本可以更好

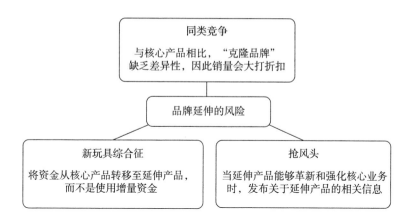

图 10.2 品牌延伸的注意事项

地用于振兴现有的核心产品系列，包括我们通常所称的"经典版"或"原始版"。在考虑如何处理此类产品信息时，最基本的原则是思考一下这种变化是否涉及"权衡利弊"。

当多意味着更多

当产品的改变提高了产品性能，而又不需要进行权衡利弊时，升级核心产品是一种更好的途径。为了回应人们对可持续性发展的担忧，玛氏巧克力棒中的所有可可都经过了公平贸易认证（Fair Trade Certified），而不是创造一个"公平贸易版"产品来延伸核心产品的范围。

当更多意味着减少

当改变产品会增加一些优势，但有可能破坏其他优势时，产品延伸是最好的途径。当海飞丝想要响应定期洗头的趋势时，它们开发了一款常用产品，这款产品的活性成分含量较低，清洁功效较温和。如果这是用来取代原来的产品的，现有的用户可能会对其较低的功效感到失望，并放弃该品牌。新产品作为系列的延伸产品推出，成功地将销售额提高了约 10%，吸引了使用该品牌的新用户。

同类竞争

顾名思义，这是一种延伸的产品蚕食其他家族成员的风险。最大的风险发生在那些"克隆"的延伸产品上，它们与现有产品相比缺乏差异性。佳洁士（Crest）花了几十年推出新款牙膏，如控制牙垢、保护牙龈和美白等不同功效牙膏。在美国，它们的市场份额从单款产品的50%减到50款产品的25%。每次推出的产品都是为了争夺相同的使用场合和介绍产品新的功能，但没有足够的附加值来推动销量增长。大多数人想要的是一款"一体化"的牙膏，而高露洁（Colgate）则成功地推出了"高露洁全效"牙膏。

蚕食利润

蚕食销售体量已经够糟糕的了，然而，当由于额外的要素导致产品延伸的成本增加但产品单价却不能提高时，情况会变得更糟糕，从而导致利润率下降。因此，不仅出现了新产品蚕食旧产品的现象，整个行业的盈利能力也受到了影响。这些问题经常发生，因为所做的改变使公司花费更多，但并没有为消费者带来相关的利益。如果你真的在增加价值，那么你应该能够提高价格。

发布并执行产品延伸计划

许多品牌团队的"旋转门综合征"（Revolving Door Syndrome）使同类竞争的问题更容易发生，因为每隔几年就会有新人加入。人们倾向于"发布并执行"产品延伸计划：发布一个短期内能促进销售的延伸计划，然后在核心产品开始出现裂痕之前一直执行。图10.3是常见的销售图表。请注意，最初提升产量大部分是为了填充关键客户的货架。持续销售水平往往不高，特别是如果回购率很低，并且新的品牌经理遇到了这个问题，又犯同样的错误：又一次进行品牌延伸，使核心产品进一步削弱，等等。你最终会得到相同或更少的销售额，但却分散在更多的产品上。

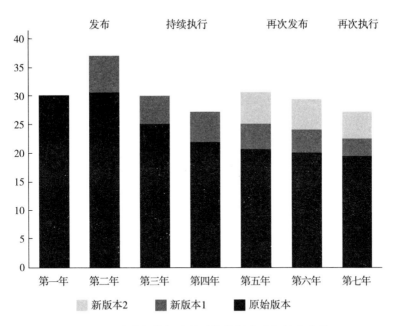

图 10.3 发布与执行产品延伸计划会破坏核心产品

大多数的品牌延伸都会产生蚕食核心产品的现象，但这种程度可以降到最低，而且不会威胁品牌的生存。正如前面所讨论的那样，推出能够增加真正价值的延伸产品是实现这一目标的一种方法。然而，也许要避免的最大错误是消耗核心产品的人力资源和财政资源，我们称这个问题为"新玩具综合征"。

新玩具综合征

人们总是把时间、金钱和精力花在充满诱惑的新的延伸产品上，而不是核心业务上。延伸新产品的资金有时会从核心业务的预算中拨出，这样会使核心产品面临竞争。在许多情况下，相比把资金用在价值更大的核心产品上的投资回报率，花在延伸产品上的投资回报率更低。

最糟糕的是，随着时间的推移，公司为了降低成本和资助品牌延伸而降低核心产品的质量。这容易使得该公司的核心业务受到攻击，就像卫宝香皂品牌在印度的遭遇一样，几十年来，卫宝的一款深红宝石色香皂在提供超强的卫生和健康价值基础上实现了稳定的销售增长。然而，在20世纪80年代和90年代，直到它与竞争对手相比销量的差强人意，而且大部分营销资金被用来推出两款新的产品，即卫宝加强版（Lifebuoy Plus）和卫宝金色版（Lifebuoy Gold），很遗憾的是，这些产品不太注重产品的核心价值——卫生效益。几年后，卫宝的市场份额从20%下降到12%左右。幸运的是，卫宝重新推出了主打产品，其配方更加丰富，包装也得到了升级，之前的加强版和金色版被撤销。品牌的市场份额回升至18.4%，使其再次成为无可争议的"领导者"。

在看到了延伸核心产品的好处和注意事项之后，我们现在将探索两种主要的方法：包装延伸和产品延伸。

包装延伸——WD-40

包装形式的延伸可以成为发展核心产品的一个好方法。这种延伸形式的最大优势是，你可以销售更多相同的核心产品，而不是增加新产品。从品牌的角度看，你提升了产品的知名度；从商业的角度看，你增加了规模经济。在包装延伸方面，解决消费者的问题以及瞄准新的使用场合和渠道有助于发展品牌的核心业务。

解决消费者的问题

我们最满意的关于包装延伸的例子之一是WD-40，这是一种多用途的润滑剂，其中最出色的功能是它可以缓解零件老化发出声音，以及解开被卡住的螺栓。这个杰出的品牌凭借单一的核心产品，多年来实现了持续性的和盈利性的增长。最初的 WD-40 罐装产品通常会在侧面粘上一根小吸管，以方便喷出喷雾，但是人们经常会弄丢吸管。为了解决这个问题，品牌发明了"智能吸管"，这是一种带有改良吸管的新型易拉罐，你可以向上翻转使用吸管，然后不使用时便可以向下放置。从以下几个方面看，这绝对是明智之举：首先，这不是为了让包装看起来更好看，也不是为了增加一个具有噱头性的新功能。这一做法使产品更易于使用，解决了用户实际面对的问题。其次，智能吸管的发明提供了一些不错的新闻素材，用于宣传品牌的与众不同，并有助于增加品牌的市场份额。最后，智能吸管实现了提高用户渗透率和促使产品高端化的双管齐下。它为消费者提供了真正的附加价值，所以与普通产品相比，它值得多花一些钱。而这种溢价足以收回额外的成本，使 WD-40 智能吸管更有商业价值。因此，即使人们选择购买这款产品而不是购买普通的包装，WD-40 仍然能赚更多的钱。这一核心延伸产品在消费者中非常受欢迎，占该品牌在推出地区销售额的 15%~20%。该品牌在智能吸管成功的基础上，又延伸了其他包装形式来满足新的需求，如用于难以接触的区域的 EZ-Reach 喷雾和用于更大表面的大型喷雾(见图 10.4)。

图 10.4　针对新的使用场合和渠道的新包装——WD-40

新的使用场合和渠道

延伸包装形式也有可能通过瞄准新的用户群体或使用场合来发展核心业务。这是为一个成熟的品牌注入活力并将其介绍给全新的用户群体的一个好方法。以费列罗巧克力(Ferrero Rocher)为例。多年来，这种裹着榛子的金色巧克力威化球一直是圣诞节例行活动的一部分，并且可能作为礼物被带到晚宴上。该产品包装的分量很大，通常是30个或48个。该品牌著名的广告"大使的聚会"强化了该品牌在一些特定场合出现的理念。然而，该品牌已经摆脱了特定场合使用的束缚，推出了适合个人消费的新款四包礼盒套装(见图10.5)。该品牌现在也是一种日常会售卖的巧克力，该品牌扩大了产品的使用范围，更新了产品的包装。重要的是，这种新的包装形式也意味着该品牌可以和其他主打"冲动性"消费的糖果品牌一起在商店的收银台附近出售，从而推动了该品牌的有形销售和无形销售。此外，与普通礼盒相比，四包礼盒的形式提高了每颗巧克力的价格，也促使了品牌走向高端化。

图10.5 针对新的使用场合和渠道的新包装——费列罗巧克力

产品延伸——嘉实多

在利用更新包装来销售更多现有产品后，下一步是考虑增加新产品。在这里，有必要关注那些可以通过扩大品牌的用户基础来提高用户渗透率的产品，并通过提供新的与用户相关的利益来支持产品溢价。

新的使用场合

邦迪(Band-Aid)成功地扩大了急救贴的销售范围，提高了用户渗透率和促进了产品高端化，使其销售额以高于市场两倍的速度增长。其中一款延伸产品是防水的特殊膏药，适合于游泳时使用。另一款产品含有帮助伤口愈合的有效成分。这一核心产品的延伸使邦迪继续在美国市场上占据主导地位，2015年的市场份额为22%。

新的用户

产品延伸是招募新用户的有效方式，通过定制品牌的优势来更好地满足用户的需求。专线直达公司(Direct Line，英国一家汽车保险公司)针对年轻司机推出了名为"加强版驾驶险"(Drive Plus)的保险优惠。21岁以下的司机通过安装跟踪其驾驶模式的GPS"黑匣子"，可以获得25%的预付折扣。只要你保证行车越安全，需要支付的费用就会越少。59%的21岁以下的年轻人在购买该品牌的保险时选择了这一款产品。2016年，"加强版驾驶险"服务升级，开始向驾驶良好的客户提供现金回馈，这是革新核心产品的一个典型例子，同时也是一种"双赢"。由于人们越来越注意驾驶安全，专线直达公司支付的索赔更少，而客户也可以从部分节省的费用中得到回馈。

新的利益

可以通过向用户展示新的产品利益来延伸核心产品的范围，从而发展品牌的核心业务。当这些新的产品利益有助于品牌的溢价和推动品牌利润的增长时，这一做法尤其有效。嘉实多已经通过一系列的提议延伸了核心产品——发动机油，每一次产品延伸都提供了更高的性能水平，也售出了更高的价格。

最新推出的嘉实多极护润滑油 EDGE 已经被列入超高端产品类别（见图 10.6）。这款新的延伸产品的价格比主打品牌嘉实多 GTX 高出 50%。目标是关心汽车性能的高级车主，他们愿意花高价购买更高级的润滑油。该款产品的溢价特性反映在营销组合中。

图 10.6　嘉实多的 EDGE：核心产品延伸，以实现产品的高端化

嘉实多团队还策划了一场以数字为主导的全球活动"钛流体技术试驾"（Titanium Trials），该活动拍摄了顶级车手驾驶高端汽车进行特技表演的画面，然后通过一系列的精心策划在线上渠道发布。EDGE 的两位数增长使嘉实多一跃成为全球知名的汽车发动机机油品牌。

新的营销模式

核心产品范围延伸的最后一种方式是为品牌增加"新的营销"，以保持品牌的新鲜感和趣味性，使其更具特色。这些延伸款产品通常采取限量版的形式，或者在打折期间制造出"购买的紧迫感"。这在有时尚元素的市场中很有效，人们想要"最新的、最酷的东西"。例如，针对十几岁男孩的凌仕身体喷雾每年都会推出一个新的香水概念。品牌团队将其描述为品牌每年推出的"新限定"款，以吸引新一代用户。

这也适用于人们想要尝试新口味的多元化市场，如食物。考文特花园（The Covent Garden）品牌的冷鲜汤就是最好的例子之一。该品牌不仅推出了各种口味的限量版，还围绕"每月一汤"（Soup of the Month）的概念创建了一套完整的商业模式（见图 10.7）。该品牌每个月都会推出一种新口味的汤，利用时令农产品和适用不同的用餐场合。所以，万圣节有特别版的南瓜汤、芦笋季的时候有英国芦笋汤。目前约 40% 的英国人知道该品牌"每月一汤"的特点，考虑到该品牌的有限广告支持，这绝非易事。

图 10.7　采用新营销模式下的延伸产品

主要收获

1. 核心范围的延伸是通过增加新的核心产品或服务来发展品牌的核心业务的。

2. 绘制"市场规划图"强调了品牌要提供新的产品利益或满足新的使用场合和用户群体的需求。

3. 延伸核心产品的两种主要方式是提供新的包装形式和新的产品。

反省清单十：扩展核心业务

·你是否绘制了"市场规划图"来识别扩展业务的潜在机会？

☐是 ☐否

·你是将改变产品的包装形式作为一种延伸核心产品的方式，而不是使产品增加了额外的复杂性？

☐是 ☐否

·你的产品延伸理念能增加足够的价值，以证明至少能维持毛利率的溢价是合理的？

☐是 ☐否

接力棒

现在已经得知了如何通过包装和产品扩展品牌的核心业务，我们将继续第四篇的最后一项训练——"延伸品牌脉络"。

第十一章
训练十一：延伸品牌脉络

　　如果做得好的话，品牌延伸可以成为品牌盈利增长的绝佳来源。大胆的创意可以为产品带来价值，从而吸引新的用户或创造新的使用场合，而无须支付开发新品牌的成本。好的品牌延伸计划能让核心品牌和业务焕发新生，包括利用数字技术的力量。然而，为了增加你成功的机会，需要避免几个常见的错误。

品牌延伸的赌场

以下是一些品牌成功延伸核心业务的例子，如多芬推出个人清洁产品、苹果公司从个人电脑制造商转变为领先的移动设备企业，以及网飞（Netflix）公司从流媒体播放转向内容生产。然而，残酷的现实是，新产品更有可能在人满为患的"品牌延伸墓地"中结束，而不是成为下一个苹果手机产品。只有不到50%的品牌在尝试延伸的三年后存活下来。换句话说，你最好在轮盘赌桌上把你的品牌延伸预算押在黑色或者红色上，至少有50%的胜算。

我们在《品牌延伸：为什么每开展2次品牌延伸就会有1次失败？如何化不可能为可能?》中详细探讨了这种不良表现的原因，以及如何增加成功的机会。在这一章的开头，我们简要总结了许多关于品牌延伸的关键问题，然后提供一些如何增加成功机会的建议。

一个薄弱的核心

品牌延伸失败的第一个问题是缺乏强大的核心品牌和商业基础。我们对市场营销总监的调查也证实了这一点：95%的市场营销总监表示，如果核心业务薄弱，品牌延伸成功的可能性就会降低，其中大多数市场营销总监认为核心业务薄弱的品牌，其成功的可能性会更低(见图11.1)。

强势的核心业务最明显的作用是为品牌提供相关的权益，使其可以在新的类别中加以利用并进行试验。一位市场营销总监评论道："强势的核

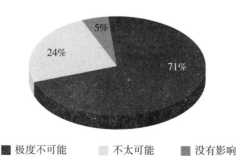

图 11.1　薄弱的核心业务对品牌延伸取得成功的可能性的影响

心业务就像一张给了你准入市场机会的重要名片。如果品牌缺乏一张强有力的名片，那么其需要的用于提高用户渗透率的资源就会更多。"多芬全球团队通过建立一些基于品牌资产跟踪的严格准则，确保各国团队将品牌建立在坚实的核心业务上，只有在两个"信号灯"都为绿灯后，才能推出核心产品以外的新产品：一是已经建立了一项坚实的核心产品业务；二是该品牌在温和性与滋润性方面的属性评分令人满意。

对于强势的核心业务而言，一个同样重要但不常被提及的作用是，品牌可以利用商业能力和专业知识来创造新产品类别中的竞争优势。苹果手机极大地受益于苹果公司的核心"生态系统"，包括苹果公司热门音乐软件iTunes、应用程序商店（Apple Store）和苹果账户（Apple ID）（见图 11.2）。

品牌的自负行为

我们在开篇"以盈利为先"的训练中介绍了品牌自负的问题。品牌忘记了其核心业务获得成功的原因，未能在新市场中利用品牌的核心资产和专业技术，只是错误地认为，仅仅是情感上的吸引力就足以增加价值。图11.3 中汤姆·菲什伯恩（Tom Fishburne）的漫画有力地说明了这一点。

维珍是品牌自负的最典型的（或者我们应该说是最坏的）例子，它经常被描述成通过延伸品牌的核心业务而获得发展的例子。维珍也经常被描述

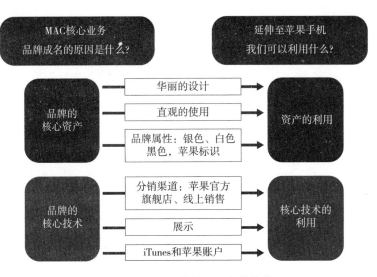

图 11. 2　利用品牌核心业务的优势

图 11. 3　品牌的自负行为

为一个"哲学品牌"或"生活品牌"，它通过利用其情感上的吸引力延伸到几乎所有市场，不受产品卖点等观念的束缚。然而，维珍的许多甚至大多数的品牌延伸努力都失败了，因为它们未能在新市场中增加真正的价值。维珍可乐、维珍伏特加和维珍牛仔裤等新产品过度依赖品牌的情感生活价值，然而在不起眼的产品上打上维珍的标志，并不足以在各自的核心市场上与可口可乐、斯米诺和李维斯这些成熟的、领先的品牌抗衡。当维珍利用品牌的核心资产和专业技术来创造一个强大的主张时，它的品牌延伸效果更好（见图11.4）。这在服务行业最为有效，维珍的品牌文化有助于激励人们以独特的方式提供服务。维珍航空的成功反映了许多与众不同的特点，如机上按摩、免费冰淇淋和商务舱的会所，它比传统的休息室更舒适、更酷。除了航空公司之外，维珍还在英国、美国和印度的移动电话市场上取得了良好的发展。它们不按常理出牌的市场打法很有用，但这是以真正的服务差异化为后盾的，如廉价手机、网络充值话费和无须长期合约。

图 11.4　为消费者增加价值

专注于品牌延伸

在这一点上，我们有必要说，本章的关键内容并不是向你建议要完全避免延伸品牌。相反，我们的建议是专注于更少、更大、更全面的品牌计划，在这些计划中，"奖金规模"是有吸引力的，而且你有"获胜的能力"。我们将定义这些术语的含义，然后通过两个对比鲜明的例子来解释这些术语。

奖金规模=市场吸引力×品牌附加值

奖金规模是根据市场的规模以及品牌价值主张的强弱来估计商业机会的。在第一种情况下，你可以采用关于试用、回购和购买频率的假设，并通过定量测试或模拟市场测试使其更加稳健。

第一个问题是看你计划进入的市场，即市场的规模和增长情况以及竞争的激烈程度。当试图进攻那些以主导品牌为核心业务的市场时，需要特别小心。例如，凌仕在剃须领域与吉列竞争，而苹果公司在电视领域与索尼（Sony）竞争。

第二个关键问题是"品牌附加值"：你能否创造一个令人信服的价值主张，真正为市场带来新的事物？为了检查你是否有差异化的价值主张，你应该注意以下事项：一是经营理念。你是否拥有一个成功的理念，为市场带来新的和相关的利益？二是产品/包装性能。产品和包装是否达到了品牌理念的要求？三是价格/价值。相对于市场上现有的产品报价，你能通过具有吸引力的价格推销产品吗？

品牌延伸可以通过两种主要方式增加品牌价值，从而推动品牌业务增长，即吸引新用户和创造新的使用场合。这些增长动力在前一章"扩展核心业务"中已经介绍过。做得好的话，品牌延伸可以推动这两个方面的发展，因为这里的创新比简单地扩展现有的核心产品或服务更有意义。

（1）新用户。对于那些不太可能购买现有产品的人而言，可以通过延伸新的类别来吸引他们购买品牌。保时捷通过将其品牌从跑车延伸到快速增长的运动型多用途汽车（Sport/Suburban Utility Vehicle，SUV）来实现这一战略。尽管有很多忠诚用户和汽车媒体并不看好这一举动，但这对保时捷来说已经是巨大的成功。该品牌通过将豪华轿车与跑车性能相结合，在新的类别中增加了价值，并在该类别中创造了一个独特的、高价的价值细分市场，捷豹（Jaguar）和宾利（Bentley）随后也进入了该市场。它的目标客户是喜欢保时捷品牌，但因为有家庭而不打算购买 911 跑车的人。现在，出现了一款可以让你的家人乘坐的保时捷。因此，保时捷卡宴（Cayenne）在销售市场上大受欢迎。2015 年，全球交付了 80000 辆卡宴，新款小型 SUV 迈凯（Macan）售出了 76000 辆，这意味着 SUV 占保时捷总销量的 68%。

（2）新的使用场合。麦当劳将汉堡的销售场合从午餐和晚餐扩展到早餐，并推出了现磨咖啡。麦当劳的咖啡质量很好，在一些盲测中甚至超过了星巴克，并获得了雨林联盟（The Rainforest Alliance）认证。它的性价比也很高，比星巴克的咖啡便宜 28%。[1] 自 2007 年在英国推出以来，它已经超过了咖世家咖啡，成为英国最大的户外咖啡销售商，每年售出 8400 万杯咖啡。据统计，在美国，咖啡的销售额约占 6%，根据 2014 年的统计，它的销售额达 21 亿美元。[2] 重要的是，现磨咖啡的推出吸引了新用户，使麦当劳的核心业务得到了发展，而这些新用户以前可能不会考虑去麦当劳喝咖啡（见图 11.5）。

图 11.5　延伸至新的使用场合

获胜的能力＝业务模式

拥有成功的理念和产品是一个好的开始，但你能从中赚到钱吗？这是许多市场营销人员失败的地方，在这个过程中浪费了数百万英镑。推出新产品是一回事，但在长期竞争中创造持续增长的利润则是另一回事。为了评估你是否可以创造一种能产生可持续的、有稳定增长潜力的业务模式，你需要考虑以下五点：一是核心竞争力。你是否有能力使你的产品在新市场中具有成本和质量优势？二是成本定位。你是否有足够的经济规模和制造能力，使你的产品在成本上具有竞争力？三是市场渠道。你是否拥有将产品推向市场的专长？四是卖场的主导地位。新产品是否会出现在对贸易伙伴有影响力的商店中？五是营销支持水平。你能否负担得起适当的营销支出，不仅在产品推出时，而且在第二年、第三年及以后？

两个对比鲜明的例子说明了在延伸品牌时充分了解自己的获胜能力的重要性，以及过度关注品牌资产而非业务模式的风险。

关注品牌资产——妮维雅化妆品

许多品牌尝试延伸的一个严重缺陷是过于关注品牌资产。以妮维雅从护肤品到化妆品的大胆延伸为例。妮维雅拥有丰富的品牌资产，它是一个具有悠久历史的值得信赖的品牌。当团队问消费者"妮维雅品牌可以延伸到化妆品领域吗？"答案很可能是响亮的"是的!"然而，这个问题问错了，或者至少不是唯一要问的问题。如果该团队问自己"我们能从化妆品中赚到钱吗？"他们可能就会得到一个不同的答案。由于商业模式存在以下问题，该品牌无法建立一项可盈利的和可持续的业务。一是缺乏营销能力。从很多方面来说，化妆品是一个时尚行业，需要有发现潮流和驾驭潮流的能力。相比之下，妮维雅的专长是技术开发，以护肤为主。二是缺少卓越的产品。妮维雅在护肤品方面的专长并没有转化为独特和卓越的产品主张，而在化妆品这个类别中，给用户的外表带来改变是最重要的事情。三是营销投资。妮维雅无法承受为赢得可观的市场份额所需的持续性的和高水平的投资。四是渠道。妮维雅在超市的优势与化妆品在百货商店的需求不匹配。五是店内销售。在零售层面上，妮维雅需要在商店的全新领域竞争，面对许多积极的竞争对手。

该品牌的母公司拜尔斯道夫集团最终决定在 2011 年取消妮维雅化妆品系列，将整个业务的重点放在护肤品上，其愿景是"终身护肤"。这个艰难的决定在短期内是痛苦的，但正如市场营销之家（The House of Marketing）的让·科尔内（Jean Cornet）所观察到的，"跟着赚钱的目标走"最终得到了回报。"从美容领域转移是一个勇敢的举动，就像重要决策一样，这个决定当时是不利的，受到失去化妆品系列的影响，妮维雅的营业额下降。然而，两年后，整个品牌的营业额又开始增长"。[3]

关注业务模式——家乐氏健怡麦片的谷物棒

一个更好的方法是专注于品牌延伸计划的业务模式，就像家乐氏健怡麦片从早餐谷物扩展到谷物零食棒那样。这仅在英国就创造了 3000 万英镑的业绩，占据了 30% 的市场份额。家乐氏健怡麦片在这一市场上的成功得益于有吸引力的奖金规模。市场份额在不断增长，家乐氏健怡麦片品牌的模式管理定位使其创造了具有差异化并符合当下市场需求的产品，即每支巧克力棒只有 90 卡路里（1 卡路里约等于 4.1859 焦耳）。

然而，我们认为这种成功也与家乐氏公司在谷物棒方面的业务模式有很大关系（见图 11.6 和表 11.1）。该公司通过推出粗粮麦片（Nutri-Grain）和棉花糖脆米小方（Rice Krispies Squares）开创了谷物棒市场。这意味着，家乐氏的成功受益于品牌核心能力、规模经济、市场渠道（如在火车站等更小的"冲动型"消费网点售卖）、店内主导地位以及为发展该品类而投入大量营销投资的承诺。

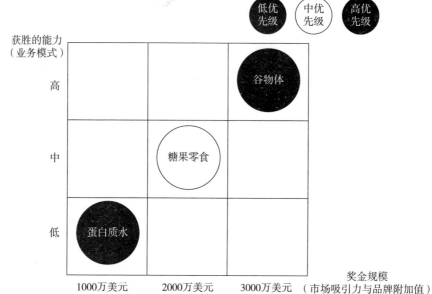

图 11.6 家乐氏健怡麦片品牌延伸业务模式评估

表 11.1 奖金规模和获胜能力——家乐氏谷物棒的具体细节

奖金规模			获胜的能力		
市场吸引力	分数/10	论据	业务模式	分数/10	论据
市场大小	7	5000 万英镑	核心竞争力：我们是否有能力使产品在新市场中具有成本或质量优势？	8	擅长生产谷物食品，进行重量管理和谷物棒生产
市场增长率	9	一年增长 10%			
竞争强度	9	家乐氏占主导地位			
小计/30	25		成本定位：我们是否有足够的经济规模和制造能力，使产品在成本上具有竞争力？	8	谷物棒工厂的规模经济
品牌附加值	分数/10	论据			
经营理念：我们是否为市场带来了新的相关利益？	8	形状管理是新颖的和相关的；家乐氏健怡麦片雄厚的品牌资产			

续表

奖金规模			获胜的能力		
品牌附加值	分数/10	论据	业务模式	分数/10	论据
产品/包装：产品和包装是否符合品牌理念？	9	盲测味道好；每条谷物棒含90卡路里	市场渠道：我们是否拥有将产品推向市场的专长？	8	擅长在超市和便利店进行销售
价格/价值：相比市场上产品的现有报价，我们能否以更有吸引力的价格销售产品？	8	每条谷物棒的克数低，价格更具吸引力	卖场的主导地位：新产品在卖场内是否有较强的地位和较大的影响力？	9	在谷物棒类别中是领先的商品
小计/30	25		营销支持水平：我们能否长期负担得起适当的支持水平？	8	长期的投资承诺
总计/60	50		总计/50	41	

相比之下，我们在这两个维度上对蛋白质水的评分都很低，因为其品牌附加值不太明显。在由百事可乐和可口可乐等品牌主导的竞争激烈的品类中，家乐氏公司的竞争力较弱。该产品由家乐氏健怡麦片推出，但随后退出了市场。

我们现在已经看到了品牌延伸如何成为业务增长的来源。好的品牌延伸案例有一个额外的好处，那就是使延伸更有效力。它们不仅从品牌的核心资产和技术诀窍中汲取营养，还直接使其成长。

延伸品牌的核心业务——苹果公司

我们在前面看到，品牌的自负行为导致公司延伸其品牌的效果并不理想，还可能对品牌和业务产生负面影响。然而，出色的品牌延伸实际上可以对核心业务产生积极的影响，包括品牌资产和收益方面。

构建核心形象

除了业务建设的主要好处外，品牌延伸还可以强化甚至创造理想的定位。成功的新产品或服务是品牌充满生机的标志，为品牌带来一种活力和创新的感觉。2012年，捷豹在E-Type推出52年后，首次携F-Type重新进入双座跑车市场。该公司将这款车定位为独家的和客户梦寐以求的车型，并发布了一部预告片。这是一部由雷德利·斯科特（Ridley Scott）执导的短片，邀请了《国土安全》（Homeland）中的知名演员戴米恩·刘易斯（Damian Lewis）参演，主要展现本车极高的驾驶体验，并通过社交媒体同时在11个市场进行了现场发布。这一努力极大地改变了捷豹的品牌形象，使其更加现代化、更令人梦寐以求，更重要的是，更受年轻群体欢迎。2015年，捷豹实现了十年来最强劲的全年业绩，零售了83986辆汽车，同比增长3%。[4]

这里要避免的一个常见错误是，认为任何形式的品牌延伸都会自动对你的现有产品产生积极的"光环效应"。首先，新产品或服务的影响力必须要大，才能改变人们的看法，如捷豹F-Type。但对于以提升品牌形象为主要目标的小众产品，这个方法要谨慎使用。因为这类产品在销售和形象方面的延伸幅度往往都较小。其次，即使你的品牌形象得到了改善，如果你现有的核心产品在外观、感觉和表现上仍然是一样的，它们的命运也不可能在一夜之间奇迹般地改变。为了真正发展核心业务，品牌延伸需要激发更多的根本性变化。

构建核心业务

苹果公司在核心的Mac电脑业务之外，改变了公司的业务，推出了iPod、iPhone和iPad。仅在2015年，苹果手机的销量就超过了2.3亿部，创造了1550亿美元的收入，占公司总收入的65%以上。正如我们之前所提到的，苹果手机成功地利用核心的关键优势进入或创造了新的市场，包括品牌资产和技术方面。

人们可能会认为，随着苹果公司将所有的努力、资金和时间都花在了苹果手机上，Mac 被忽视了。事实上，在苹果手机推出期间和之后，Mac 电脑的销量都在增加（见图 11.7），而且不只是小幅度增加，其销量增长率达到了 200%，令人非常震惊！[5] 但是，品牌延伸如何能让人信服？这个秘诀不是依靠品牌形象效应，而是要创造一种商业模式。正如我们前面所提到的，苹果手机把人们吸引到了苹果商店，而这些购物者大多数都不是 Mac 电脑的购买者。此外，苹果公司通过 iTunes、App Store 和苹果账户形成了一个"生态系统"，这意味着苹果手机与 Mac 配合得最好，鼓励买家也去购买 Mac 电脑。另外，苹果手机的创新，如触控板和放大或缩小物体的"捏"手势，随后被整合到 Mac 电脑的升级中。简约的曲线设计也归功于苹果手机的简洁美学。

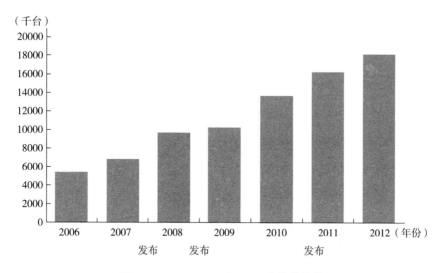

（千台）

图 11.7　2006~2012 年 Mac 电脑的销量

另一个令人信服的延伸核心业务的例子是网飞公司，该公司已经从电视流媒体转型为内容制作。乍一看，这似乎有点牵强。为了降低风险，网

飞公司挖掘了 2500 万核心流媒体用户的数据，发现了用户所喜欢的内容。很多人观看了大卫·芬奇（David Fincher）导演的电影和凯文·史派西（Kevin Spacey）主演的电影。这些数据让该公司做出了大胆的决定，将《纸牌屋》（*House of Cards*）作为第一部原创剧集，只在网飞网站上播放，这一做法促使核心流媒体业务迅速发展，在《纸牌屋》播出后的一年里，收入增长了 15%，首次突破了 10 亿美元大关。网飞公司继续扩大其业务范围，增加了《纸牌屋》后续几季以及其他剧集，包括《夜魔侠》（*Daredevil*）、《女子监狱》（*Orange is the New Black*）和热门喜剧《我本坚强》（*The Unbreakable Kimmy Schmid*）。

利用数字技术

数字技术为品牌提供了延伸和发展核心业务的机会。建筑公司迈伯仕（Master Builders）销售建筑工地上使用的水泥添加剂，这似乎是一款很常见的产品，但添加剂的缺货却是一个很棘手的问题，可能会使整个建筑项目停顿下来。迈伯仕公司利用数字技术来解决客户面临的问题。该公司为客户免费提供储存添加剂的罐子，并利用远程监控报告来查看添加剂的存量，在需要时自动触发补货。客户的满意度提高了，该公司的成本也因为卡车运输次数的减少而抵消了。这反过来又在竞争中创造了独特性，使公司赢得新客户并保留现有客户，从而销售更多的核心产品。[6]

在看到了品牌延伸的好处之后，我们将在本章的结尾评估品牌如何延伸这一重要问题。

弹性品牌

"新品牌"这一按钮只应作为最后的手段，在充分探索了品牌延伸的机会后再按下。正如我们在前文中所提到的，品牌组合应该集中在尽可能少的品牌上，这样才能实现投资回报和人才回报的最大化。在考虑品牌延伸和采用最佳品牌架构时，必须从两个不同的维度进行，即功能和情感。

功能延伸

这个维度涉及品牌在提供所需功能属性方面的感知能力。潜在买家对该品牌在新品类中的出色表现有多大信心？对于多芬而言，从皮肤清洁产品延伸到洗发水产品，需要品牌说服消费者，洗发水会让他们的头发看起来非常漂亮。这是相对较小的功能延伸，因为该产品仍然是关于个人清洁的（见图 11.8）。此外，多芬的功能个性在新产品领域的良好表现和情感方面的延伸也很有限。在这种情况下，一个简单的描述词——洗发水，与消费者想要购买的品牌保持一致就足以。

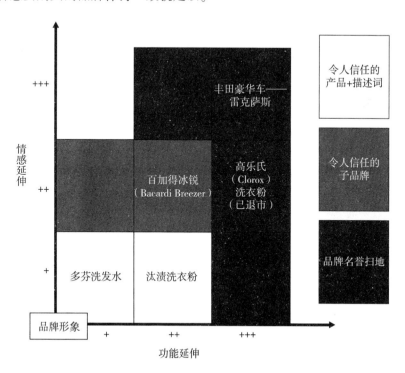

图 11.8 品牌的信誉边界

有时,品牌的描述词可以使一款产品的名称更有特色。绝对伏特加在其不同口味的伏特加中采用了这种方法,比如绝对柠檬味伏特加(Absolut Citron)和绝对黑加仑味伏特加(Absolut Kurant)。

相比之下,美国漂白剂品牌高乐氏在洗衣粉领域的延伸,未能让消费者相信其功能性的可信度。受到品牌负面性的影响,客户担心它具有强烈的刺激性,并且缺乏服装护理专业知识。尽管获得了 2.25 亿美元的开发和营销支持,但用于品牌延伸的资金只占 3%。领先的洗衣粉品牌的延伸产品——汰渍洗衣粉,取得了更大的成功,尽管在市场排名第二,仍获得了17% 的市场份额。考虑到汰渍在衣物洗涤和护理方面的专长,该品牌的功能性延伸要小得多。

情感延伸

当延伸中的个性、语气和风格与主品牌不同时,就会发生情感延伸。与人一样,这比换工作(即功能性延伸)要困难得多。与简单的描述词相比,"子品牌"更易产生情感延伸,例如"百加得冰锐"和"百加得酸橙苏打水"(Bacardi Lime and Soda)。在这里,延伸开始跳出主品牌的圈子,呈现出更多的个性。就像儿子或女儿一样,子品牌拥有相同的家庭价值观和名称,但有自己的"生命"。

在空间有限的情况下,开发一个新品牌可能会产生更高的投资回报。这可能需要品牌公司的背书,比如达能就从酸奶扩展到益生菌饮料。丰田在豪华车领域的延伸更成功,无论是在功能上还是在情感上,并且在丰田没有给予任何明显支持的情况下,雷克萨斯诞生了。

为什么有些品牌更有弹性

显然,并不是所有的品牌都像其他品牌一样具有弹性,这种差异可以用一系列因素来解释:延伸前的"柔韧度"、开放式或封闭式的名称、情感与功能之间的平衡以及核心产品性能。

(1)延伸前的"柔韧度"。延伸品牌与伸展肌肉没什么两样，做得越多就越容易。优质果酱品牌蓓妮妈妈(Bonne Maman)已经延伸到新的领域，如蛋糕、饼干和酸奶，且其延伸仍在继续。对于消费者和零售商来说，蓓妮妈妈所推出的新产品已经变得不再令人惊讶了。

(2)丰富的视觉资产。蓓妮妈妈能够延伸业务的一个原因是其在每个新市场上丰富且独特的品牌属性。所有的元素保持一致，包括果酱瓶盖上的红白桌布设计、手写字体和法式菜谱(见图11.9)。

图11.9　蓓妮妈妈丰富且独特的品牌属性、开放式的名称、连续性的延伸

(3)开放式或封闭式的名称。一个自创名称或在其类别中没有固有意义的名称，如亚马逊(Amazon)，其好处是可能更容易推出从核心产品中延伸而来的新产品。相比之下，英国天然气公司(British Gas)出售电力产品的做法并没有得益于其名称，尽管随着时间的推移，这一障碍已经被清除。

(4)情感与功能之间的平衡。像海飞丝去屑洗发露这种深深根植于功能承诺的品牌，其延伸产品很难超越品牌的核心专业技术领域。相比之下，富含情感价值且与特定功能益处无关的品牌反而更容易延伸至多个产品领域。香奈儿、古驰等高端时尚品牌已经成功延伸至多个功能品类，并形成了独特的情感特征和风格，如化妆品、运动服和鞋子。

（5）品牌的健康状况。如果一个品牌在其核心领域表现不佳，那么当它推出一款延伸到不同领域的新产品时，消费者也不太可能会对它产生信任。

（6）产品性能。让你打破品牌延伸规则的特殊王牌，就是拥有一款具有核心竞争力的出色产品。例如，高端婴儿推车品牌博格步（Bugaboo）已经通过 Bugaboo Boxer 系统延伸到了行李箱领域。你可以在图 11.10 中看到《品牌健身房》的合作伙伴安妮·夏邦诺在发布会上试用它。这看起来是一次巨大而冒险的延伸活动，因为该品牌正在进入一个不同的功能类别，并专攻包括商务人士在内的旅行者这一新的目标消费者群体。然而，仔细观察就会发现，该品牌正在利用一系列核心竞争优势，而这些核心竞争优势对于婴儿车的成功至关重要，如在建造耐磨损底盘、关节、车轮、模块化系统方面的工程专业知识。该品牌在其网站上声称："我们利用了20多年的移动专业知识，设计了一款行李系统，它将再次改变人们的移动方式。"

图 11.10　品牌延伸规则的王牌——博格步行李箱

📝 主要收获

1. 强大的核心业务是品牌成功延伸的关键。

2. 大胆的品牌延伸可以通过吸引新用户和创造新的使用场合来进行。

3. 品牌延伸的最佳形式包括间接提升形象和直接推动业务，这推动了核心业务发展。

反省清单十一：延伸品牌脉络

· 总的来说，你是否掌握了以业务为中心进行品牌延伸的方法？

☐是　☐否

· 你是否根据奖金规模和获胜的能力严格地审查了你目前的和计划中的品牌延伸举措？

☐是　☐否

· 你有能力提供产品的功能性表现，而不仅仅是情感上的吸引力？

☐是　☐否

· 你是否完全理解并尊重品牌所在的新领域的竞争？

☐是　☐否

接力棒

你现在已经到了《品牌健身房》训练的终点。希望你对企业践行品牌导向型增长的原则和实用性自我感觉良好。接下来的附录中，提出了一些关于如何开始品牌导向型增长项目的建议。你可以访问 www. thebrandgym. com/blog，该网站上提供了超过 1250 个案例，包括详细的数据、图片和视频。

请与我们联系，分享反馈意见，或通过邮件(david@ thebrandgym. com)讨论我们如何能够帮助你将这些训练应用于品牌中。可以从简单的电子邮件反馈问题到一对一的"个人品牌辅导"或行动学习，再到为你和你的团队制订更完整的工作计划。

附　录

附录一　新手入门

这一节是为了帮助你启动一个由品牌主导的业务增长项目。你可以通过这本书自己动手，或者联系我们寻求一些帮助或建议。一个典型的项目有五个关键阶段，即启动、洞察力、创意、探索和行动。图1为该过程的概览，以及每个阶段所需时间的粗略概念（尽管这一项目可能需要更长的时间或可以更快地完成）。我们把品牌定位视为假设性的挑战以及营销组合的初步构想，并解释了这一过程。但同样的基本步骤可以用于解决不同的难题，如"涡轮式营销"或品牌延伸。

我们概括了书中用于获取信息的一些工具，在开始工作之前，要做好以下几件事，可以直接增加你成功的机会：

（1）团队。选择一个由10~12人构成的跨职能团队是比较理想的，这样做既可以拥有广泛的人才，团队又不会太大，否则会变得不方便。一个品牌团队通常会涵盖市场营销策划、销售、产品开发、消费者行为研究、财务和1~2名品牌创意机构的人员。这些人的工作交付日期一开始就被预定好了。重要的是，要让有相同目标的人参与到同一段"旅程"中来，在此期间，他们会变得更加团结，工作中会更加投入。

（2）时间。一个项目通常不超过12~15周，具体时间主要取决于做了多少研究。关键研讨会的日期应该在一开始就确定下来，并严格遵守，创

图1 品牌导向型增长项目工作计划示例

建"交付截止日期"来推动项目向前发展，并创造紧迫感和工作动力。

（3）地点。重要的研讨会可以在办公室以外的一个能让人精神焕发的地方举行，并且鼓励在有自然光的大房间里进行思考（不要在地下室举行，那肯定会扼杀创造力）。如果可能的话，场地要与你的项目主题相联系。例如，南非卡林啤酒公司策划的与足球有关的发展核心业务的项目，该项目的研讨会在约翰内斯堡的足球场举行，参会人员可以看到足球场。

第一阶段：启动

在启动项目之前，训练一"以盈利为先"中提到的品牌导向型增长将项目的重点放在业务目标上，并确保所有合适的人都参与其中。在"专注品牌组合"的训练中，应该清晰地定义品牌组合的作用，并对品牌的核心产品和服务进行定义，包括确定核心产品（如果有的话）。

第二阶段:洞察力

这个阶段会产生洞察力"催化剂",以帮助激发创造力。许多"头脑风暴"会议没有成果的一个关键原因是缺乏洞察力,这就像在没有任何燃料的情况下试图发射火箭一样。我们在"寻找真正的洞察力"训练中看到了许多类型的洞察力技巧。市场定义是基于利益,而不是制造商条款。核心目标工具有助于描绘出你的核心定位目标,如果你有多个目标需要考虑,则要找到共同需求的"最佳点"。

	品牌导向型增长简况		品牌:	项目领导:
				项目负责人:

业务问题	品牌导向型增长面临的业务问题和机会是什么
品牌问题	你试图解决的品牌问题是什么?它将如何帮助解决上述业务问题
消费者论据	哪些关于文化、人性、品牌和业务方面的见解有助于解决品牌问题
业务抱负	项目所依据的具体的、可衡量的业务目标是什么
品牌抱负	实现业务目标所需的品牌转变(资产、使用率、用户渗透率等)是什么
战略应用/截止日期	该战略将被用于何种场合?具体来说,它将激励和指导营销组合中的哪些决策以及这些决策将于何时投放市场
	你打算如何实现战略性选择(如定位路线),以便与消费者和业务团队共同探索
内部利益相关者	谁是该战略的关键用户和影响者?你将如何说服他们加入进来
代理团队	哪些是将采用该战略的关键代理商,你将如何说服他们积极参与进来
衡量措施	如何衡量项目的有效性

(1)钻研品牌真理。通过钻研品牌真理,进行"品牌考古"训练,挖掘过去的品牌组合,探索隐藏的宝贵信息。品牌什么时候是火爆的,什么时候其市场份额和销售是在增长的?品牌什么时候是冷门的?在这种时候,品牌在做什么?这一做法包括挖掘你现有的所有数据。我们发现,通过提醒品牌团队那些被遗忘的关键事实,或者通过以一种新的、更有启发性的

方式呈现数据，往往能发现有价值的见解。

（2）"詹姆斯·邦德"工具法（The James Bond Tool）。这是一种有用的方法，可以从回顾过去、展望未来和观察竞争中进行直接和间接的学习。在此基础上，形成了"翻新简报"（保留、更新、舍去和增加什么）和"三角形真理"，具体地阐述了文化真理、人性真理和品牌真理，形成了品牌定位的"种子"。

	"詹姆斯·邦德"工具		品牌：	项目领导：
				项目负责人：

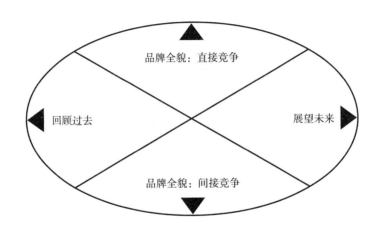

第三阶段：创意

在项目的这一关键阶段，团队将致力于通过一些见解来激发灵感，从而产生一系列创意。通常情况下，这一阶段以项目团队的创意研讨会为中心，历时 2~3 天。具体过程取决于项目的大小。这类研讨会如何展开？其大致思路如下：

第一天（9∶00~18∶00）

➤　概述目标和工作计划。

➤　概述品牌导向型增长的核心原则。

➤ 分享品牌和业务的相关评论→用来产生创意。

➤ 分享新的见解1（如消费者同理心）→用来产生创意。

➤ 分享新的见解2（如品牌同行小组的案例研究）→用来产生创意。

➤ 回顾所有产生的创意，并根据品牌和业务发展的潜力进行初步的优先排序→最重要的5~10个创意。

➤ 通宵达旦地构思创意。

第二天（9：00~13：00）

➤ 回顾重要的5~10个创意（每个创意写满一页纸），这些创意已经在一夜之间完成了润色。

➤ 分成两组，对这些创意进行更详细的总结。

➤ 商定将这些创意付诸实施的方案，探索品牌真理。

➤ 后续行动。

第四阶段：探索

项目的这一阶段是将创意付诸实施和探索品牌真理，包括探索品牌内部的核心理念并获得反馈意见，以及进行定性或定量的消费者研究。我们在"有目标的定位"这一训练中探讨了如何在营销组合中实现这些创意。例如，在最近的一个项目中，我们为一个冰鲜食品品牌设计了新包装模型，延伸了高端化的核心产品，重新设计了网站主页，激活了独特的创意，产品团队还制作并品尝了样品。

第五阶段：行动

从探索阶段得出的主要发现将被纳入行动研讨会，这是另一场与核心团队进行的为期两天的场外会议。第一天是分享探索阶段的学习成果并最终确定品牌定位。定位工具（Positioning Tool）将品牌定位内容作为一个整体来抓取和编纂；品牌转型工具（The Brand Transformation Tool）显示了实现品牌愿景所需的形象和行为的关键转变；而品牌属性工具（Brand Properties Tool）总结了品牌所利用的重要属性（产品/服务、视觉识别、宣传）。

	品牌定位		品牌：	项目领导：
				项目负责人：

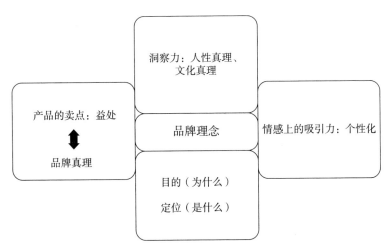

第二天开始行动，把品牌定位与最初的理念结合起来。在探讨品牌延伸的想法时可以借助几种工具，且这些想法通常是与品牌定位同时探讨的，包括品牌延伸的业务模式（奖金规模和获胜的能力）、范围架构（确保延伸平台建立在品牌的主要定位上，而不是将它们分割开来）以及指导延伸范围架构的品牌弹性矩阵。"12 个季度计划"总结了活动的关键环节，并简单起草了每个环节的计划。如何实施这类计划的大致思路如下：

第一天（9：00~18：00）

➢ 概述目标和工作计划。

➢ 分享探索性学习。

➢ 获取反馈意见。

➢ 最终确定品牌战略（如品牌愿景和品牌定位）。

➢ 团队验收。

品牌延伸的业务模式			品牌： 品牌延伸的想法：		项目领导： 项目负责人：

奖金规模			获胜的能力		
市场吸引力	分数/10	论据	业务模式	分数/10	论据
市场大小			核心竞争力：我们是否有能力使产品在新市场中具有成本或质量优势？		
市场增长率					
竞争强度					
小计/30					
品牌附加值	分数/10	论据	成本定位：我们是否有足够的经济规模和制造能力，使产品在成本上具有竞争力？		
经营理念：我们是否为市场带来了新的相关利益？					
产品/包装：产品和包装是否符合品牌理念？			市场渠道：我们是否拥有将产品推向市场的专长？		
价格/价值：相比市场上产品的现有报价，我们能否以更有吸引力的价格销售产品？			卖场的主导地位：新产品在卖场内是否有较强的地位和较大的影响力？		
小计/30			营销支持水平：我们能否长期负担得起适当的支持水平？		
总计/60			总计/50		

第二天(9：00~13：00)

➤ 使用品牌战略作为混合创意的灵感(如产品、服务、宣传、营销活动)。

➤ 根据品牌和业务建设潜力评估创意。

➤ 在品牌延伸的想法和范围架构上下功夫。

➤ 起草一份"12 个季度计划"的草案，并将主要观点进行排序。

➤ 后续行动和承诺。

	12 个季度计划	品牌：	项目领导：
			项目负责人：

	第一年	第二年	第三年
战略重心	年度主题	年度主题	年度主题
发展平台	平台 1		
	平台 2		
	平台 3		
	平台 4		
	平台 5		
增长目标	用户渗透率： % 净销售额： 百万英镑 毛利润： 百万英镑（×%）	用户渗透率： % 净销售额： 百万英镑 毛利润： 百万英镑（×%）	用户渗透率： % 净销售额： 百万英镑 毛利润： 百万英镑（×%）

在分享和评估创意（营销活动、品牌延伸、发展核心业务）时，我们喜欢使用的一个技巧是：让小团队"推销"创意，就好像他们试图获得投资者的支持一样。这很像美国的电视节目《龙穴》(*The Dragons' Den*)或《创智赢家》(*Shark Tank*)。它鼓励团队简明扼要，避免"长篇大论"。可以在墙上挂一幅巨型图来记录一些基于品牌和业务建设的潜力的想法，这样做有助于鉴定每个想法的可参考程度。

"如现金缔造者般的创意"，是指提供利润，但对品牌形象没有太大帮助的创意。例如，吉列推出塑料剃须刀与比克(Bic)竞争。一个品牌可以做一些这样的项目，但理想情况下，它们的营销非常有限，所以你可以把资源集中在"英雄式创意"上。

"英雄式创意"，是指在为核心业务带来利润和重大业务增长的同时，使品牌定位更加突出的创意。例如，延伸核心产品系列，如吉列的融合系列产品；升级核心创意，如佳尔喜巧克力（Galaxy）推出一种新颖的、更光滑的巧克力片，改进了产品包装和采用新的宣传方式。

"消耗式创意"，这些想法会消耗资源，对品牌形象或业务增长的影响有限。

"如形象塑造者般的创意"，从核心产品的增量来看，这些想法看起来微不足道，但对品牌有积极作用。考文特花园的"每月一汤"就属于这种类型。然而，这些想法在某种程度上是最有风险的，因为它们往往消耗了资源，却没有带来预期的形象塑造效果。

为了最终得到3~4个创意的候选名单，要求团队"下注"，将假想预算（如300万英镑）分配给不超过三个创意。令人惊讶的是，如何让人们"以盈利为先"，就像他们在投资一样，通过智力辩论，并得到了最有增长潜力的想法。

![dumbbell]	品牌延伸		品牌：	项目领导：
				项目主管：

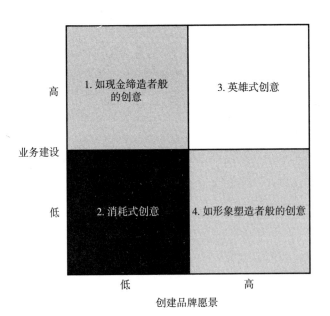

附录二 "品牌建设与管理经典译丛"书单

第一辑

《品牌的本质》(*Brand Meaning*)

《品牌突破：如何建立品牌，穿越喧嚣的市场，从竞争中脱颖而出》(*Brand Against the Machine：How to Build Your Brand，Cut through the Marketing Noise，and Stand Out from the Competition*)

《品牌与品牌地理化》(*Brands and Branding Geographies*)

《品牌与人才》(*Brand and Talent*)

第二辑

《品牌IDEA：非营利品牌建设的完整性、民主化与亲和力》(*The Brand IDEA：Managing Nonprofit Brands with Integrity，Democracy，and Affinity*)

《品牌弹性：高速增长时代的风险管理与价值恢复》(*Brand Resilience：Managing Risk and Recovery in a High-speed World*)

《垂直品牌组合管理：制造商与零售商之间的整合品牌管理战略》(*Vertical Brand Portfolio Management：Strategies for Integrated Brand Management between Manufacturers and Retailers*)

《现代品牌建设与管理》(*Contemporary Brand Management*)

《品牌关系指南》(*Handbook of Brand Relationships*)

《反思地方品牌建设：城市和区域品牌的全面发展》(*Rethinking Place Branding：Comprehensive Brand Development for Cities and Regions*)

第三辑

《品牌：让相遇难以忘怀——如何创建品牌与消费者之间强大的亲密型关系》（*Romancing the Brand*：*How Brands Create Strong*，*Intimate Relationships with Consumers*）

《人文品牌：如何建立品牌与人、产品、公司之间的关系》（*The Human Brand*：*How We Relate to People*，*Products*，*and Companies*）

《品牌力：世界级品牌的管理艺术》（*Power Branding*：*Leveraging the Success of the World's Best Brands*）

《品牌优势：领先品牌的 50 个建议》（*The Edge*：50 *Tips from Brands That Lead*）

《品牌创新：伟大的品牌如何建设、推出新产品、新服务和新商业模式》（*Brand New*：*Solving the Innovation Paradox—How Great Brands Invent and Launch New Products*，*Services*，*and Business Models*）

《建设优质品牌：品牌战略与标识发展的全面指南》（*Building Better Brands*：*A Comprehensive Guide to Brand Strategy and Identity Development*）

《品牌挑战：行业品牌建设责任》（*The Brand Challenge*：*Adapting Branding to Sectorial Imperatives*）

第四辑

《品牌健身房：数字时代的品牌塑造战略(第三版)》（*The Brandgym*：*A Practical Workout to Grow Your Brand in a Digital Age*）（*Third Edition*）

《如何树立品牌：欧洲品牌管理法则 50 问答》（*Reality in Branding*：*The Rules of European Brand Management in 50 Answers*）

参考文献

前言

［1］Stengel，J. Grow：How Ideals Power Growth and Profit at the World's 50 Greatest Companies. Virgin Books，2012.

［2］https：//www. statista. com/statistics/277229/facebooks-annual-revenue-and-net-income/.

［3］https：//www. marketingweek. com/2016/05/11/mark-ritson-beware-the-tactification-of-marketing/.

第一章　训练一：以盈利为先

［1］https：//www. statista. com/statistics/266253/yahoos-annual-gaap-revenue/.

［2］http：//www. campaignlive. co. uk/article/key-marketing-lessons-ipa-effectiveness-awards/1414096#yCyxhHDEMfkcjd2x. 99.

［3］http：//fortune. com/airbnb-travel-mission-brand/.

［4］http：//www. best-marketing. eu/case-study-inspired-by-iceland/.

第二章　训练二：专注品牌组合

［1］https：//www. theguardian. com/business/2016/may/17/premier-foods-mr-kipling-says-sales-risessign-thrive-independently.

［2］http：//www. telegraph. co. uk/fashion/brands/burberry－consolidates－prorsum－brit－and－londonlabels－into－one/.

［3］http：//www. slideshare. net/Jane20150115/1030－1110－lynn.

［4］Seddon，J. Linking brands to business financials. Journal of Brand Strategy，2015，4（2）：143 – 153.

［5］http：//wheresthesausage. typepad. com/my＿weblog/2016/07/after－several－recent－posts－on－tescofocusing－on－its－core－business－here－and－here－today－it－is－the－turn－of－sainsburys－to－take. html.

［6］http：//uk. businessinsider. com/facebook－q3－earnings－2016－11？r＝US&IR＝T.

第三章　训练三：寻找真正的洞察力

［1］http：//www. campaignlive. co. uk/article/p-gs－roisin－donnelly－put－people－first－lose－obsessionplatforms/1395341.

［2］http：//www. bbc. co. uk/news/technology－35343091.

［3］https：//www. theguardian. com/technology/2012/mar/17/facebook－dark－side－study－aggressivenarcissism.

［4］Stengel，J. Grow：How Ideals Power Growth and Profit at the World's 50 Greatest Companies. Virgin Books，2012.

［5］https：//www. thinkwithgoogle. com/case-studies/loreal－paris－builds－brand－love－with－search. html.

［6］https：//www. affinity. ad/work/diving－into－data－for－narellan－pools.

［7］https：//www. washingtonpost. com/news/business/wp/2015/01/02/how－timberland－used－customerdata－to－reboot－its－brand/？utm_term＝. 3ceafc6b1531.

［8］http：//wheresthesausage. typepad. com/my＿weblog/2016/08/lost－my－name－blending－physical－anddigital－worlds. html.

〔9〕 http：//wheresthesausage. typepad. com/my_weblog/2016/10/learn-to-like-your-target-audience. html.

〔10〕 romi. ipa. co. uk/index. php/databank/download_file/hovis-as-good-today-2010. pdf.

〔11〕 http：//wheresthesausage. typepad. com/my_weblog/2015/01/using-a-peer-group-for-inspiration. html.

〔12〕 https：//hbr. org/2016/03/branding-in-the-age-of-social-media.

〔13〕 http：//fortune. com/2011/12/08/jack-daniels-marketing-magic/.

第四章　训练四：有目标的定位

〔1〕 http：//www. jimstengel. com/grow/research-validation/.

〔2〕 http：//www. edelman. com/insights/intellectual-property/brandshare/about-brandshare/downloads/.

〔3〕 Collins, J. and Porass, J. Built To Last：Successful Habits of Visionary Companies. Random House Business, 2005.

〔4〕 https：//www. unilever. com/sustainable-living/sustainable-living-news/news/sustainable-livingbrands-leading-unilever-growth. html.

〔5〕 http：//adage. com/article/global-news/marketers-confused-meaning-focus-brand-purpose/292325/.

〔6〕 https：//www. marketingsociety. com/the-library/2008-dulux-global-branding-case-study#8pM7vPyqHIzqrk3Z. 97.

〔7〕 https：//www. marketingweek. com/. . . /duluxs-marketing-directo.

〔8〕 http：//www. campaignlive. co. uk/article/case-study-direct-line-fixed-insurance-market/1404015.

〔9〕 http：//www. campaignlive. co. uk/article/596626/mark-ritson-branding-three-wrongs-show-whats-right.

〔10〕https：//www. marketingsociety. com/the－library/2016－winner－pot－noodle－revitalisation－casestudy#IDfZUXwwFbmiyUUh. 97.

〔11〕https：//www. thinkbox. tv/Case－studies/Quorn.

第五章　训练五：重整旗鼓

〔1〕www. interbrand. com.

〔2〕Elgin, R. Happy workers keep the profits growing. The Sunday Times, 2002：5.

〔3〕Mitchell, A. The Emperor's New Clothes：A backlash against branding? Market Leader, 2001：28－32.

〔4〕https：//www. statista. com/statistics/266253/yahoos－annual－gaap－revenue/.

〔5〕https：//hbr. org/2013/01/burberrys－ceo－on－turning－an－aging－british－icon－into－a－global－luxury－brand.

〔6〕Stengel, J. Grow：How Ideals Power Growth and Profit at the World's 50 Greatest Companies. Virgin Books, 2012.

〔7〕http：//uk. businessinsider. com/pret－a－manger－sales－growth－annual－report－2016－4.

〔8〕"The organic milk of human kindness overflows at Pret", Management Today, November 2005, 57 – 58.

〔9〕http：//eprretailnews. com/2016/09/18/john－lewis－partnership－plc－releases－interim－financial－statementsfor－half－year－ended－30－july－2016－3456345478/.

〔10〕https：//www. johnlewispartnership. co. uk/content/dam/cws/pdfs/financials/annual－reports/johnlewis－partnership－plc－annual－report－2015. pdf.

〔11〕AM：The Aston Martin Magazine, 2016 (35) .

第六章 训练六：革新核心业务

〔1〕 Zook，C. and Allen，J. Profit from the Core. Harvard Business Press，2001.

〔2〕 http：//www. bbc. co. uk/news/uk－wales－31923269.

〔3〕 https：//hbr. org/2013/01/burberrys－ceo－on－turning－an－aging－british－icon－into－a－global－luxury－brand.

〔4〕 https：//www. ft. com/content/6df2575d－c511－3425－9e12－c42054428d21.

〔5〕 https：//www. tescoplc. com/news/news－releases/2016/interim－results－201617/.

〔6〕 http：//www. thegrocer. co. uk/reports/digital－features/ice－cream－report－2014/magnum－going－greatguns－in－its－25th－year/371093. article.

〔7〕 Eriksson，J. and Ståhlberg，D. ，Marketing Goes Digital，Ekerlids.

〔8〕 http：//news. sky. com/story/snapchat－owners－stock－leaps－41－on－us－stock－market－debut－10787439.

〔9〕 http：//www. thegrocer. co. uk/Pictures/web/k/p/d/energy－drinks－bestsellers. jpg.

〔10〕 https：//www. statista. com/statistics/253649/iphone－revenue－as－share－of－apples－total－revenue/.

〔11〕 http：//www. thetimes. co. uk/tto/business/industries/technology/article4726928. ece.

〔12〕 Sharp，B. How Brands Grow. John Wiley，2010.

〔13〕 http：//www. thinkbox. tv.

〔14〕 Sharp，B. and Romaniuk，J. How Brands Grow Part 2. Oxford，2016.

〔15〕 http：//www. decodemarketing. co. uk/.

第七章　训练七：将品牌融入产品中

［1］ https：//www2. deloitte. com/content/dam/Deloitte/uk/Documents/consumer-business/consumerreview-8-the-growing-power-of-consumers. pdf.

［2］ Bogusky，A. and Winsor，J. Baked In，Agate B2，2009.

［3］ https：//www. youtube. com/watch？v=AH5R56jILag.

［4］ http：//pizzaturnaround. com/2010/02/our-new-hand-tossed-pepperoni-pizza-sausage-pizza-andextra-cheese-pizza-beat-the-taste-of-papajohn's-in-a-national-taste-test/index. html.

［5］ http：//www. cpbgroup. com/work/dominos/dominos-pizza-turnaround.

［6］ https：//www. marketingweek. com/2016/03/22/mcdonalds-claims-it-is-showing-a-brand-evolutionas-it-launches-new-happy-meal-ad/.

［7］ http：//www. mcdonalds. co. uk/ukhome/Aboutus/Newsroom/news_pages/mcdonalds-reports-firstquarter-results-for-2016-and-confirms-ten-years-of-growth-for-the-uk-business. html.

［8］ http：//www. wsj. com/articles/mcdonalds-posts-lackluster-same-store-sales-growth-1469536041.

［9］ http：//adage. com/article/news/tropicana-line-s-sales-plunge-20-post-rebranding/135735/.

［10］ http：//www. beiersdorf. com/about-us/our-profile/strategy(Nivea).

第八章　训练八：涡轮式营销

［1］ http：//www. campaignlive. co. uk/article/unilever-lucky-generals-made-pot-noodle-choice-gogetters/1406608.

［2］ http：//www. campaignlive. co. uk/article/1154816/sales-promotion-beyond-zero-sum-game-deepprice-cuts？src_site=marketingmagazine.

［3］ http：//adage. com/article/print-edition/ipa-effective-ads-workheart-head/119202/.

［4］ https：//www. thinkbox. tv/Research/Thinkbox - research/Creative - Drivers-of-Effectiveness.

［5］ WARC Webinar， February 2016 http：//content. warc. com/warc - webinar-toolkit-2017-effectiveness-in-the-digital-age.

［6］ http：//trends. e-strategyblog. com/2015/05/11/us-media-reach-by-channel/24941.

［7］ https：//www. thinkbox. tv/Research/Nickable-Charts/Full-Reports/ TV-advertisings-killer-charts-fulldeck.

［8］ https：//www. facebook. com/business/news/people - first - media - planning.

［9］ http：//www. the-mma. org/news/august-22nd-2016.

［10］ http：//adage. com/article/cmo - strategy/coke - cmo - defends - tv - cola-giant-rethinks-digital-approach/ 307112/.

［11］ https：//www. theguardian. com/media/2016/dec/06/john - lewis - youtube-christmas-ad-buster-burberrysainsburys.

［12］ Angear， B. Advertising Works 23. WARC， 2016.

［13］ http：//www. standard. co. uk/lifestyle/london-life/john-lewis-christmas- advert-2016. -when-is-itreleased-what-s-it-about-and-who-ll-be-singing- a3386431. html.

［14］ https：//www. theguardian. com/media/2016/dec/06/john - lewis - youtube-christmas-ad-buster-burberrysainsburys.

［15］ https：//think. storage. googleapis. com/docs/the-path-to-purpose_arti- cles. pdf.

［16］ http：//www. campaignlive. co. uk/article/lego-cmo-put-experience- first-dont-slave-platform/ 1408925.

［17］ http：//www. bbc. co. uk/news/magazine-34442302.

［18］ http：//www. prnewswire. com/news-releases/mondelez-international-launches-global-partnership-with-channelsight-to-help-accelerate-e-commerce-growth-300079495. html.

［19］ https：//www. morganstanley. com/ideas/online-groceries-could-be-next-big-ecommerce-driver.

［20］ Broadbent, T. Advertising Works 11. WARC, 2000.

［21］ http：//www. campaignlive. co. uk/article/1124149/marc-pritchard-interview-p-g-cracked-socialroi? src_site=marketingmagazine.

［22］ http：//www. campaignlive. co. uk/article/jaguar-land-rover-suspends-uk-digital-ads-terror-fundingclaims/1424012#0DPsJe0klVdUPTU4. 99.

第九章　训练九：扩展分销渠道

［1］ http：//www. telegraph. co. uk/finance/newsbysector/retailandconsumer/11522968/Five-facts-thatshow-the-dramatic-changes-in-the-supermarket-industry. html.

［2］ http：//www. costa-business. co. uk/whitbread-buys-coffee-nation-for-59-5m/.

［3］ https：//www. statista. com/statistics/273480/number-of-apple-stores-worldwide-since-2005/.

［4］ http：//uk. businessinsider. com/apple-store-facts-2015-3#apple-stores-get-more-than-1-million-visitorsper-day-worldwide-thats-at-least-365-million-people-per-year-disney-theme-parks-only-get-about-130-million-visitors-per-year-3.

［5］ http：//time. com/4339170/apple-store-sales-comparison/.

［6］ http：//www. wikinvest. com/stock/Apple_ （AAPL） /Business_Strategy.

〔7〕 http：//www. bbc. co. uk/news/business－35714501.

〔8〕 https：//www. marketingweek. com/2016/04/14/what－does－digital－transformation－really－mean/.

〔9〕 http：//www. thegrocer. co. uk/channels/online/a－third－of－uk－shoppers－willing－to－buy－groceriesdirect－from－suppliers/531948. article.

〔10〕 http：//www. bloomberg. com/news/articles/2016－06－28/nestle－leans－on－nespresso－s－kid－brotheras－coffee－growth－lags.

第十章　训练十：扩展核心业务

〔1〕 http：//www. wsj. com/articles/SB12147335600370333763904581058081668712042.

第十一章　训练十一：延伸品牌脉络

〔1〕 http：//www. dailymail. co. uk/femail/food/article－3306889/How－caffeine－daily－coffee－Costa－comes185mg－McDonald－s－just－71mg. html.

〔2〕 http：//uk. businessinsider. com/mcdonalds－flavored－coffee－2015－6.

〔3〕 http：//wheresthesausage. typepad. com/my_weblog/2013/11/nivea－re－focus－on－the－core. html.

〔4〕 http：//www. business－standard. com/article/news－cd/jaguar－land－rover－posts－record－sales－in－2015－ 116011100689_1. html.

〔5〕 http：//www. macworld. com/article/2062821/apple－by－the－numbers－mac－not－dead－yet. html.

〔6〕 Dawar, N. Tilt：Shifting Your Strategy from Products to Customers. Harvard Business Review Press，2013.

致　谢

　　通过整个团队的努力，我们重新编写了这本全新的《品牌健身房：数字时代的品牌塑造战略》（第三版），我杰出的伙伴们十分投入，他们各自分享了独特的经验和专业的知识。我的团队成员包括：来自伦敦的大卫·尼科尔斯（David Nichols）、乔恩·戈德斯通（Jon Goldstone）；来自阿姆斯特丹的安妮·夏邦诺（Anne Charbonneau）；来自布宜诺斯艾利斯的迭戈·克纳（Diego Kerner）；来自班加罗尔的帕萨德·纳拉西姆汉（Parsad Narsimhan）。

　　感谢克莱尔·克里斯蒂安（Clare Christian）、希瑟·博伊索（Heather Boisseau）、梅根·希尔（Megan Sheer）和红门出版社（RedDoor）团队的所有人在创作《品牌健身房》时提供的帮助，使我们能够与全球读者分享我们的品牌技巧、工具和窍门。

　　感谢阅读本书和相关博客的读者，你们花时间来告诉我们读者喜欢什么以及觉得什么最有用。你们积极的反馈给予我们力量，使我们在创作的路上能一直走下去。

　　还要感谢在过去的 15 年里我们有幸合作的品牌领导人，他们是本书中真正的主人公。特别要提到的是亿滋的菲尔·查普曼（Phil Chapman）和奥迪安连锁影线（Odeon Cinemas）的卡罗尔·韦尔奇（Carol Welch）、百威英博的安德里亚·奎伊（Andrea Quaye）、WD-40 的史蒂夫·布拉斯（Steve

Brass）、沃尔沃斯的凯特·福代斯（Kate Fordyce）和夏尔曼·休伊特（Charmaine Huet）、嘉实多的维韦克·拉帕尔（Vivek Rampal）、碧域的凯文·麦克奈尔（Kevin McNair）、皇家宠物食品有限公司的贝尼特-里维拉（Benet-Rivera）、食品制造商宾堡集团的阿方索·阿古丁（Alfonso Argudin）。